Leslie Smith Dow

Adèle – La Misérable

Das Leben der Tochter von Victor Hugo

Aus dem Englischen von
Barbara Scriba-Sethe

KNESEBECK

Für Kyleakin Stuart Donal und für Donald,
der ihn mir geschenkt hat.

Adèle Hugo, Guernsey 1855–1863

Inhalt

Einleitung

> Ich bin erfinderisch, sensibel. Ich glaube an das Geheimnisvolle, Magische, an Regenbogen und den Vollmond. Ich frage mich, warum ich ruhiggestellt, mit Medikamenten behandelt werden soll, sobald es den Anschein hat, daß ich aus den Grenzen der »Wirklichkeit« heraustrete … Musik … umfängt mich und wird lebendig, haucht hohe und tiefe Töne, und ich schwebe auf der Melodie.
>
> *ein Schizophrenie-Kranker* [1]

Adèle Hugo war das jüngste Kind des Dichterfürsten Victor Hugo, zu seiner Zeit der berühmteste Schriftsteller der Welt. Ihr Leben begann in der brillantesten Gesellschaft; die meistgefeierten Künstler, Musiker und Schriftsteller Europas waren regelmäßig zu Gast im Hause Hugo. Adèle kannte Paganini, Rossini, Clésinger, Lamartine, Dumas, Balzac und viele andere. Sie war selbst eine versierte Pianistin, Komponistin und Schriftstellerin, und ihre Schönheit verblüffte viele – Balzac schrieb, er habe noch nie eine so attraktive Frau gesehen wie die dreizehnjährige Adèle. Die junge Frau, die in aller Unbefangenheit ihre Gedanken mit den besten Köpfen Europas austauschte, schien dazu ausersehen, eine glänzende Partie zu machen und ein entsprechend interessantes Leben zu führen.

Aber irgendwo lief auf diesem Weg alles schief. Das Gespenst der Geisteskrankheit, das das Leben ihres Onkels Eugène zerstörte, wohingegen es die schöpferische Kraft ihres Vaters verstärkt hatte, erhob schon sein häßliches Haupt. Die stille, fromme Adèle wurde unglücklich und trotzig und blieb hartnäckig unverheiratet, trotz vieler Heiratsanträge der erlesensten Junggesellen Europas. Ihre wachsende geistige Instabilität quälte sie, und sie sehnte sich danach, dem Leben zu entfliehen, das sie zu ersticken drohte. Sie litt unter den Einschränkungen, denen unverheiratete Frauen unterworfen waren, und sie klagte, daß sie nicht einmal ohne Begleitung aus dem Haus gehen und eine Zeitung kaufen könnte.

1863, als sie dreiunddreißig Jahre alt war, nahm Adèle die Dinge selbst in die Hand. Sie lief von zu Hause fort. Ihr Ziel war Halifax, wo ihr früherer Liebhaber, ein englischer Offizier namens Albert Andrew Pinson, stationiert war. Als Pinson Adèle einen Heiratsantrag machte, hatte sie abgelehnt, aber als sie später ihre Meinung änderte, war Pinson nicht mehr interessiert. Pinsons grausame Zurückweisung stürzte Adèle in Verzweiflung. Schließlich verfiel sie dem, was man damals als »Wahnsinn« bezeichnete.

1866 wurde Pinsons Regiment nach Barbados verlegt; Adèle folgte ihm. Als er und sein Regiment 1869 weiterzogen, blieb die inzwischen hoffnungslos wahnsinnige Adèle dort zurück; sie hatte seine Abreise nicht einmal wahrgenommen. Sie wanderte in Lumpen durch die Straßen und wurde schließlich von einer einheimischen Frau aufgenommen. Erst 1872 wurde die psychisch und physisch gebrochene Adèle zurück nach Paris gebracht. Ihre kurzfristige Unabhängigkeit hatte sie auf Kosten ihrer geistigen Gesundheit erlangt, und auf ärztlichen Rat hin ließ Victor Hugo seine Tochter in eine Irrenanstalt einweisen.

Die Anordnung, Adèle die Freiheit zu verweigern, wurde nie aufgehoben, selbst nicht nach Hugos Tod im Jahre 1885. Sie lebte noch weitere dreißig Jahre hinter Anstaltsmauern, wenn auch in recht aufwendigem Stil, bis sie im Jahre 1915 starb, ein trauriges Ende für diese stolze, sensible und intelligente Frau.

Während Adèle von der Außenwelt abgeschirmt in ihrem Pavillon saß, breiteten sich wilde Gerüchte über sie und ihre früheren Abenteuer aus. Selbst die Realität konnte sich nicht mit den haltlosen Geschichten über ihre Vergangenheit messen, die in dem Nachruf auf ihren Vater in der *New York Times* berichtet wurden. In dem Artikel wurden nicht weniger als drei Versionen von Adèles Leben geboten: Entweder war Adèle von einem englischen Offizier entführt worden oder hatte ihn gegen den Willen ihrer Eltern geheiratet; sie reiste dann mit ihrem frischgebackenen Ehemann nach Nova Scotia, wo er starb. Oder Adèle und ihr Mann wurden nach Indien versetzt; er schlug sie, ihre beiden Kinder starben im Kleinkindalter, und ihr Mann beging Selbstmord; in der dritten Version hieß es, Adèle habe sich nach Singapur durchgeschlagen, wo sie wie eine Landstreicherin lebte; einige mitfühlende Fremde fanden sie verschmutzt und in Lumpen, und als sie verkündete, sie sei Victor Hugos Tochter, sorgten sie dafür, daß sie nach Hause geschickt wurde. Oder, so berichtete die *Times*: »Als junges Mädchen wurde sie von einem englischen Offizier nach Guernsey entführt. Ihre Eltern suchten ganz Europa nach ihr ab, aber sie war spurlos verschwunden. Einige Monate später wurde ein junges Mädchen gefunden, das allein und offensichtlich geistesgestört durch die Straßen New Yorks wanderte und erklärte: ›Ich bin die Tochter von Victor Hugo.‹ Das war die einzige Aussage, die sie je gemacht hatte.« Diese Begebenheit ereignete sich angeblich Jahre nach Adèles Erlebnissen in Indien und Singapur.[2]

Das vielleicht einzige Körnchen Wahrheit, das der *Times*-Journalist herausfand, bestand darin, daß Exzentrik in der Familie Hugo nicht unbekannt war. Die Zeitung machte Hugo zum Vorwurf, diesen Zug auch noch zu pflegen. Er war, wie die Zeitung behauptete, ein »Feind von Disziplin und Unterordnung« und widmete der sittlichen Unterweisung seiner Kinder wahrscheinlich wenig Zeit. »Es ist unwahrscheinlich, daß er mehr tat, als ihnen die Bedeutung von Freiheit und Brüderlichkeit ans Herz zu legen und seine Frau damit zu beauftragen, ihm die Kinder während seiner Arbeit vom Hals zu halten.«[3]

Hugo war zwar ein großer Verteidiger der Redefreiheit und des Rechts auf Freiheit für alle Menschen, jedoch seine Weigerung, der eigenen Tochter auch nur die geringste persönliche Freiheit zu gewähren, und die strenge sittliche Erziehung seiner Kinder, die ganz im krassen Gegensatz zu seinem eigenen Verhalten stand, brachten Adèle in Wut. Seine Unfähigkeit, in seiner Tochter mehr als ein heiratsfähiges Weib zu sehen – und keinesfalls die begabte Musikerin, Komponistin und Schriftstellerin – förderte noch die Tragödie, zu der sich ihr Leben entwickelte.

Ein Artikel, der anläßlich des Todes von Victor Hugo im *Halifax Morning Herald* erschien, brachte eine glaubwürdigere Geschichte, denn sie stammte von Robert Motton jun., einem Rechtsanwalt aus Halifax. Adèle hatte sich bei ihrem endlosen Kampf, Albert Pinson zur Ehe zu zwingen, an Motton gewandt, der ungefähr ihr Alter hatte. Ihre Beziehung zueinander war rein beruflicher Art; dennoch hielt Motton es für seine Pflicht, Adèles Andenken vor dem neugierigen Reporter des *Halifax Morning Herald* zu schützen, der in sein Büro kam und auf eine Anekdote über die Familie Hugo hoffte, insbesondere über die geheimnisvolle Hugo-Tochter.

Motton wußte, daß Adèles ungewöhnliches Schicksal aus etlichen Blickwinkeln betrachtet werden konnte, und er wählte einen aus, der seiner Meinung nach seiner früheren Klientin am wenigsten schadete. »Ich kannte Adèle Hugo gut«, sagte er und lehnte sich in seinem ledergepolsterten Stuhl zurück. »Sie hat mir ihre Geschichte mehrmals erzählt. Aber natürlich verlangt es meine berufliche Ehre, daß ich sie nicht verbreite.« Der Reporter sah schon die Sensationsgeschichte über Adèle

Hugos geheimes Leben entschwinden; und er erhob sich halb, um zu gehen.

Aber Motton bedeutete ihm, sich wieder zu setzen. »Es wird mir eine Freude sein, Ihnen eine Kurzfassung ihrer eigenen Version zu geben; sie hat sie selbst der Dame, bei der sie in Halifax zur Miete gewohnt hat, und anderen Freunden erzählt; eine Geschichte, an deren Wahrheitsgehalt ich keinen Grund habe zu zweifeln.«

Während er es sich in seinem Lehnstuhl bequem machte, begann Motton zu erzählen:

Als Victor Hugo aus Frankreich verbannt wurde, lebte er für einige Zeit in Brüssel. Dort wohnte auch eine reiche englische Familie namens Pinsen.[4] Die beiden Familien freundeten sich miteinander an, und die jüngste Tochter des Dichters, Adèle, verliebte sich in einen Sohn der Pinsens. Aus Verliebtsein wurde Vernarrtheit. Sie verlobten sich. Aber Hugo lebte verarmt im Exil, und die Pinsens waren von einer Verbindung ihres Familienreichtums mit dem Gehirn einer Hugo alles andere als angetan. Aber offenbar ging das junge Paar eine Art heimliche Ehe ein, und Pinsen versprach, sich später mit Adèle öffentlich in einer englischen Kirche trauen zu lassen. Zu gegebener Zeit kaufte er ein Patent in der Armee, und seine Ernennung zum Leutnant im Sechzehnten Regiment wurde formell bekanntgegeben. Das Regiment wurde nach Halifax beordert, dies teilte er Adèle in einem Brief mit, und er fügte hinzu, er werde sie als seine Gattin mit nach Halifax nehmen, und er bat sie, nach London zu kommen, wo sie öffentlich heiraten würden. Victor Hugo und seine Frau wollten von einem solchen Vorschlag nichts wissen und bestanden darauf, daß Pinsen, wenn er heiraten wolle, zu ihnen nach Hause kommen und wie jeder normale Mensch heiraten müsse. Aber Adèle war wahnsinnig vernarrt in ihn und bestand darauf, nach London zu reisen, wie er es wünschte. Schließlich setzte sie sich durch, und ihre Mutter begleitete sie in die britische Hauptstadt. Als sie ankamen, entdeckten sie, daß Pinsen schon mit seinem Regiment nach Halifax aufgebrochen war. Es sah ganz danach aus, als habe er Adèle verlassen.

Motton war ein beliebter Nach-dem-Essen-Redner und recht bekannt als geschickter Geschichtenerzähler. Er fuhr fort, während der faszinierte Reporter mit offenem Mund dasaß, und sein Stift fieberhaft über den Notizblock kratzte:

> Sie war eine bemerkenswert hübsche Frau, groß und gutgebaut, mit einer römischen Nase, lockigem, pechschwarzem Haar, durchdringenden schwarzen Augen und dunklem Teint. Sie hatte eine schöne Handschrift, wie gestochen, und verbrachte einen Großteil ihrer Zeit mit Schreiben – und häufte einen großen Manuskriptstapel an, während sie hier war. Bei einer Gelegenheit bot sie ihn mir mit den Worten an: »Veröffentlichen Sie das eines Tages; Sie werden die Welt in Staunen versetzen und eine Menge Geld verdienen.« Ich habe es schon viele Male bedauert, daß ich das Manuskript nicht angenommen habe.[5]

Was der Reporter nie erfuhr, war, daß fast nichts in der Erzählung Mottons der Wahrheit entsprach.

Adèle und ihre Geschichte waren fast völlig vergessen, bis 1892 ein Artikel im *Athenaeum*, einer Londoner Zeitschrift, auf die Entdeckung von zweitausend Seiten eines »Tagebuchs im Exil« hinwies, das Victor Hugo zugeschrieben wurde. Im selben Jahr erschienen andere Artikel in *Scribner's* und *Le Figaro* über das wunderbare »Tagebuch«, das so geschickt den Ereignissen und Personen der Exiljahre Hugos nachspürte. Bei näherem

Hinsehen jedoch wurde die Theorie von Hugo als Urheber brüchig; in einem Artikel von 1896 ging man davon aus, daß das Tagebuch nur der grobe Entwurf von Mme. Hugos Biographie über ihren Mann war. Erst im Jahre 1952, als Réné de Messières, Kulturattaché an der französischen Botschaft in New York, an der Harvard University einen Vortrag über »Das Exiltagebuch Adèle Hugos« hielt, wurde Adèles Autorenschaft anerkannt.

1950 wurde von der Familie Hugo im Victor Hugo Museum in Paris eine Schachtel mit Papieren hinterlegt; die Dokumente waren in der Schublade eines Schreibtisches gefunden worden, den Julie Foucher Chenay, Madame Hugos Schwester, verkauft hatte. Sie war nach Victor Hugos Tod als Nachlaßverwalterin des Hauteville-Hauses (wo Hugo auf Guernsey wohnte) eingesetzt worden. Diese Dokumente waren das, was von Adèles Aufzeichnungen, einschließlich einiger Teile ihres geheimen Tagebuchs, übriggeblieben war. Offensichtlich hatte Julie Foucher alle anderen Papiere Adèles weggeworfen; sie hatte von den meisten Schriften einen Entwurf und eine Endfassung hergestellt. Teile von Adèles Tagebuch waren zwischen 1896 und 1905 von dem amerikanischen Millionär J. P. Morgan für die Pierpont Morgan Library in New York City erworben worden. Ihre Manuskripte, die er von einem Londoner Händler gekauft hatte, sollen unter seinen ersten Ankäufen für die Bibliothek gewesen sein. Bei näherem Hinsehen wurde deutlich, daß die Pierpont Morgan Library meist im Besitz der Endfassung war, während das Victor Hugo Museum den Entwurf hatte, und umgekehrt.

Professor Frederick Hoffherr von der Columbia Universität war von 1926 bis zu seinem Tode im Jahre 1956 damit beschäftigt, diese Tagebücher zu entziffern, die Adèle in einem eigenwilligen Code verfaßt hatte; er durfte seine Arbeit aber nicht veröffentlichen.

1962 erwarb die Pierpont Morgan Library aus der privaten Bibliothek Marc Loliées in Paris drei Bündel Papiere, die sich auf hundert Seiten beliefen und auch einen Teil von Adèles Tagebuch bildeten. Diese Dokumente waren zwischen den Seiten einer Genfer Bibel aus dem sechzehnten Jahrhundert gefunden worden, die im Besitz eines Stuhlrestaurators war; er hatte sie an einen französischen Diplomaten namens Jean Delalande und dieser wiederum an Marc Loliée verkauft.

Schließlich war eine maschinengeschriebene, englische Übertragung bislang unbekannter Seiten von Adèles Tagebuch im Victor Hugo Museum gefunden worden; die Originalseiten sind nie aufgetaucht.

In den frühen fünfziger Jahren begann Professor Frances Vernor Guille an dem Manuskript zu arbeiten, entschlüsselte viele Wörter und Passagen und machte daraus einen lesbaren Text. Ihre getreue Rekonstruktion von Adèles Exiltagebuch wurde zum erstenmal 1968 als *Le Journal d'Adèle Hugo*, Band 1 veröffentlicht.[6] So gelangten die bis dahin nicht aufgedeckten Einzelheiten des tragischen Lebens von Adèle allmählich an die Öffentlichkeit. Der erste Band von Adèles Tagebüchern umfaßte nur das Jahr 1852; der zweite, der 1971 herauskam, umfaßte das Jahr 1853; der dritte, 1984 veröffentlicht, umfaßte das Jahr 1854. Leider setzte der Tod Guilles Plänen für einen vierten Band ein Ende, und so bleiben weitere Tagebücher und Schriften Adèles verschlüsselt.

Adèles Tagebuch scheint aus zwei Werken zu bestehen. Im ersten hielt sie zwanghaft fast Wort für Wort die täglichen Ereignisse und Unterhaltungen im Hugoschen Haushalt fest. Guilles drei Bücher, die aus diesen Berichten bestehen, waren eine unschätzbare Hilfe für Victor-Hugo-Biographen, dank der genauen Darstellung von Unterhaltungen zwischen ihrem Vater und anderen herausragenden Persönlichkeiten der damaligen Zeit und auch seiner Ansichten über die verschiedensten Themen. Dem zweiten, dem geheimen Tagebuch, vertraute Adèle ihre innersten Gedanken in einer Art Code an. Um die Dinge weiter zu komplizieren, kritzelte Adèle offenbar ihre Gedanken eher auf jedweden Zettel, der ihr unter die Finger kam, als in ein gebundenes Heft. Beispiele aus diesen Tagebüchern zeigen, wie sie mit ihrer präzisen Handschrift Wörter umdrehte, um Anagramme zu bilden und Abkürzungen und Initialen für Namen einsetzte. In einigen Fällen hat eine unbekannte Person ihre Manuskripte korrigiert und sie damit fast unleserlich gemacht; Wörter waren ausgestrichen und die Ränder mit Anmerkungen beschrieben. Oft machte Adèle an einem und demselben Tag ganz verschiedene Eintragungen in ihre zwei Tagebücher – die eine für die Öffentlichkeit, die andere für sich selbst; oder sie datierte ihre Eintragungen gar nicht, so daß es für ihre posthumen Leser schwierig war, Chronologie und Ereignisse miteinander in Einklang zu bringen.

Im Jahre 1969 stieß zufällig der französische Filmregisseur François Truffaut auf Guilles seltsame, doch wahre Geschichte Adèles, und er sah darin sofort den Stoff für einen Film. Aber er konnte erst 1975 seine Vorstellung verwirklichen. In jenem Jahr kam der Film »Die Geschichte der Adele H.« mit Isabelle Adjani in der Titelrolle heraus. Obwohl der Film sich vor allem auf den dreijährigen Aufenthalt Adèles in Halifax konzentriert, weicht er doch in vielen Punkten von Guilles sorgfältiger Forschung ab und opfert häufig die historischen Tatsachen einer romantischen Fiktion. Die Abweichungen sind unnötig, denn im Leben der Adèle Hugo ist die Wahrheit weit merkwürdiger als Fiktion.

L'Engloutie von Henri Guillemin handelt von der Tragödie Adèles, und sie taucht immer wieder in zahlreichen Biographien und Analysen zu Victor Hugo und seinem Werk auf. Einige kanadische und amerikanische Zeitschriften- und Zeitungsartikel, die vom Prosaischen bis zum Wildspekulativen reichen, versuchen ebenso, Adèles Geheimnis und ihrem Wahnsinn auf die Spur zu kommen.

Das Leben von Adèles Liebhaber, Albert Andrew Pinson, bleibt ziemlich im Dunkeln bis auf die emotionsgeladenen, weitschweifigen Passagen in Adèles Tagebuch und die wenig schmeichelhaften Ansichten von Kollegen und Journalisten. Die Unterlagen aus seiner Dienstzeit als Offizier, die einen zusätzlichen und vielleicht weniger voreingenommenen Einblick in die Psyche dieses Mannes hätten vermitteln können, haben die Zeit nicht überdauert. Auch seine Briefe sind nicht erhalten geblieben. Die Beweggründe für sein Verhalten und seine Persönlichkeit bleiben uns ebenso verborgen wie seine Herkunft. Vieles von dem, was auf diesen Seiten über Pinson zu finden ist, mußte durch Mutmaßungen und Berichte aus zweiter Hand rekonstruiert werden und bringt Pinson in die unglückliche Lage, sich nicht verteidigen zu können.

Adèle Hugo lehnte in der Tat ein im Frankreich des neunzehnten Jahrhunderts gültiges Wertesystem ab, das im besten Fall Frauen ausschloß und im schlimmsten nur als Eigentum ihrer Väter und Ehemänner betrachtete. Trotz ihrer großen Fähigkeit, sich in die Gesellschaft einzubringen, gab es für sie dort nur wenig Raum. Obwohl andere Frauen zu ihrer Zeit erfolgreich waren und über alle Widrigkeiten triumphierten, hatte Adèle in vielerlei Hinsicht weniger Glück als ihre kühnen Schwestern. Sie verfügte zwar über einen höheren Intellekt, es fehlte ihr jedoch deren Hartnäckigkeit. Wie die meisten Menschen, die lange beherrscht und unterdrückt werden, mißlang es ihr am Ende, die vielen Hindernisse auf ihrem Weg zur Freiheit zu überwinden. Und ihre Geisteskrankheit und schließlich die Internierung in die Anstalt machten ein wirkungsvolles Handeln unmöglich. In mancherlei Hinsicht ist die Geschichte Adèle Hugos die Geschichte aller Frauen in der Vergangenheit und auch noch in der Gegenwart, immer dort, wo eine patriarchalische Kultur Frauen auf ihre Grundwerte als Bräute, Ehefrauen und Mütter reduziert. Wie alle frustrierten und unterdrückten Frauen wollte Adèle vor allem frei sein.

»Dédé« gezeichnet von Adèle Foucher Hugo, 1833

Familienbande

Paris, 1830–1852

Deinem Vater, deiner Mutter, den Vätern
deines Vaters
Schenke dein Gebet, Kind, wie milde Gaben.
Victor Hugo, »La Prière pour tous«[1]

Madame Adèle Hugo lag keuchend auf dem Bett. Die Vorhänge waren zugezogen, und die Fenster waren trotz der Hitze fest geschlossen. Hin und wieder wurde die ehrfürchtige Stille durch ihr Stöhnen und das Krachen von Schüssen unterbrochen, die über die Dachziegel ratschten.

Es war der 28. Juli 1830. Draußen wütete noch die Julirevolution, die in Frankreich später als die »drei ruhmreichen Tage«, *Les Trois Glorieuses,* bekannt wurde. Die Geschäfte waren geschlossen, die Straßen verbarrikadiert und die Druckereien durch Gendarmen besetzt. Von den Dächern bewarfen junge Aufständische die Polizeipatrouillen auf den Straßen mit Abfällen; die Polizei, die vom Militär Verstärkung erhalten hatte, schoß zurück. Trotz der relativen Abgeschiedenheit des gemieteten Hauses der Hugos in der Rue Jean-Goujon 9 auf den elysäischen Gefilden, sah sich die Familie im Zentrum des Getümmels. Erst zwei Tage zuvor war der Schauplatz noch bukolisch gewesen. Die »elysäischen Gefilde«, eine Parklandschaft mit vielen Bäumen und Büschen, waren für die Pariser ein beliebter Picknick- und Erholungsort. Aber dann brachen auf der früheren Kuhweide die Gewalttätigkeiten aus.

Innerhalb des Hauses spielte sich ein für die Familie Hugo ebenso besorgniserregendes Drama ab. Zu diesem Zeitpunkt bestand die Familie aus Madame Hugo, ihrem Patriarchen, dem Poeten, Romanschriftsteller und Stückeschreiber Victor Hugo, ihrer sechsjährigen Tochter Léopoldine (Didine genannt) und ihren Söhnen, dem vierjährigen Charles (bekannt als Charlot) und dem zweijährigen François-Victor (mit dem Spitznamen Toto). Als eine Wolke von Kanonenrauch an den Fenstern von Madame Hugos Zimmer vorbeizog, drang ein weiteres Mitglied der Familie Hugo mit einem leidenschaftlichen Schrei in die Welt. Nach ihrer neunundzwanzig Jahre alten Mutter benannt, war Adèle (Dédé) das fünfte und letzte Kind der Hugos. Das erste, Léopold, hatte nur drei Monate gelebt.

Hugo hätte sich keinen dramatischeren Augenblick wünschen können; es war der Stoff seiner eigenen melodramatischen Stücke. »Meine Frau lag in den Wehen, als der Schuß die Schieferplatten unseres Daches zerschmetterte«, schrieb Hugo aufgeregt kurz nach dem Ereignis an seinen Freund und Dichterkollegen Alphonse de Lamartine.[2] Hugo schien sich nicht entscheiden zu können, ob seine Nähe zum Austragungsort des Konfliktes oder die Geburt seiner Tochter erwähnenswerter waren.

Die Julirevolution begann im Anschluß an die Wahlen vom 23. Juni und dem 3. Juli, aus denen die Oppositionspartei mit einer großen Mehrheit hervorgegangen war. Am 7. Juli hob König Karl X. die Pressefreiheit auf, löste die Abgeordnetenkammer auf und änderte die Wahlgesetze. Am 26. Juli, einen Tag nach Inkrafttreten der Änderung, unterzeichneten liberale Journalisten eine Protestschrift. In der Nacht vom 27. zum 28. Juli erklärten republikanische Studenten und Arbeiter, daß ein Aufstand die einzige Lösung sei. Die meisten Pariser stimmten zu; sie haßten Karl X.

An Adèles Geburtstag errichteten die Studenten, Arbeiter und ihre Sympathisanten im Zentrum und im Osten von Paris eilig Barrikaden. Die Rebellen hatten sich Gewehre beschafft und griffen die Dienststelle der Schweizer Garde an, ebenso das Palais Bourbon und das Rathaus. Bis zum letzten der »drei ruhmreichen Tage«, dem 29. Juli, waren etwa zweihundert Soldaten und achthundert Rebellen getötet worden. Der König, der seinen Palast in Saint-Cloud nicht verlassen hatte, erklärte sich schließlich einverstanden, seine Verordnungen zu widerrufen, es war jedoch zu spät. Als der Aufstand beendet war, hatte man Karl X. abgesetzt und den beliebten Louis-Philippe auf den Thron von Frankreich gesetzt. [3]

Madame Hugo hatte nie damit gerechnet, mitten in einer Revolution ein Kind zu gebären. Die Familie war erst kürzlich ins Champs-Élysées-Viertel gezogen, das damals noch nicht als chic galt. Die Verlegung des Haushalts zu einer Zeit, in der Madame Hugo im siebten Monat schwanger war, war keine freie Entscheidung, sondern eine Notwendigkeit. Die Hugos hatten ihre Wohnung in der Rue Notre Dame des Champs 11 räumen müssen, weil der Eigentümer sich stark belästigt fühlte und nicht mehr bereit war, das ständige Kommen und Gehen von Freunden, Widersachern und Familienmitgliedern hinzunehmen. In ihrem neuen Haus konnten die Hugos die Nachbarn nicht stören, denn es war das einzige in der Straße.

Ein Großteil der Unruhe, die den Eigentümer so aufgebracht hatte, war durch die Premiere von Hugos letztem und skandalösestem Stück *Hernani* ausgelöst worden. Man hatte nicht so sehr etwas gegen den Inhalt des Stücks einzuwenden als vielmehr gegen seine Form. *Hernani* schien den Aufbruch einer unkonventionellen und naturalistischen Literaturphilosophie der neuen Romantik zu verkörpern. Das Stück stellte Victor Hugo und seine nicht unbeträchtliche Gruppe von Anhängern den starren, unflexiblen Klassizisten gegenüber – den unbotmäßigen jungen Verleumdern besser als die *chauve-têtes* (Kahlköpfe) bekannt. Jedesmal wenn sich der Vorhang für *Hernani* hob, setzte zwischen beiden Gruppen ein Kampf um die Plätze ein – die einen wollten die ihrer Meinung nach meisterhafte Aufführung bejubeln, die anderen diese Travestie verhöhnen.

Schon bald nach dem Getöse bei Adèles Geburt steckten die Hugos schon wieder in einer Krise, dieses Mal war es eine persönliche. Die Ehebeziehung verschlechterte sich zusehends, und der Auslöser war Charles Augustin Sainte-Beuve (1804–1869). Er war ein Anhänger der romantischen Bewegung, Mitglied der Académie Française und der Verfasser literarischer Betrachtungen wie *Port Royal*, *Portraits littéraires* und *Causeries du Lundi* (Montagsplaudereien).

Als Hugo von der Liebesaffäre zwischen seiner Frau und diesem engen Familienfreund erfuhr, den er zuvor für einen ziemlich schwerfälligen, alten Junggesellen gehalten hatte (Sainte-Beuve war in Wirklichkeit nur zwei Jahre älter als er), sah er keinen Grund, an der Information zu zweifeln: Sie war von Sainte-Beuve selbst gekommen. Die Geschichte fing ganz unschuldig an. Madame Hugo hatte sich schon lange an der Gesellschaft des beliebten Sainte-Beuve erfreut, aber seine sanften Aufmerksamkeiten wurden bald heftiger. Madame Hugo fand seine Sorge um ihr Wohlbefinden rührend, so ganz anders als die meist sexuell motivierten Aufmerksamkeiten ihres Gatten. Das, was Sainte-Beuve an Charisma fehlte, machte er mehr als wett durch echte Zärtlichkeit und aufrichtige Gefühle. Anders als ihr egozentrischer Gemahl interessierte sich Sainte-Beuve auch für Madame Hugos Meinungen und Gedanken; seine Fähigkeit, zuzuhören und Informationen aufzunehmen, war eine seiner Stärken. In Wahrheit konnte der intellektuelle und hochgebildete Sainte-Beuve Hugo ohne weiteres in die Tasche stecken, der sich eher durch leidenschaftliche Weitschweifigkeiten hervortat als durch wohlüberlegtes Argumentieren. Literaturkritiker haben Hugo später zum Vorwurf gemacht, er sei zu berechnend gewesen, habe reale Lebensschicksale nur als Stoff für seine Stücke verwertet.

Die Affäre von Madame Hugo und Sainte-Beuve war von 1830 bis 1831 am intensivsten, und so begann das Geraune, daß der Vater des neuen Hugo-Sprößlings nicht der Dichter, sondern der Kritiker war. Sainte-Beuve hatte sich in der Tat so erfolgreich in die Familie eingefügt, daß Hugo ihn in aller Unbefangenheit sofort als Adèles Patenonkel wählte. Später bedauerte er sein voreiliges Handeln, aber Sainte-Beuve hätte nicht dankbarer sein können. Als Adèle am 19. September 1830 in der Kirche von Sainte-Philippe-du-Roule getauft wurde, hielt Sainte-Beuve, der Mann, der sich selbst für den geistigen (wenn nicht gar den biologischen) Vater hielt, das winzige Köpfchen über das Taufbecken. Sainte-Beuve schrieb später, daß das Baby Adèle »rein« sei, »und dennoch etwas von mir besitzt«.[4]

Sainte-Beuve behielt seine Gefühle keineswegs für sich. Ihn quälte diese Liebe, die keine Zukunft hatte. Er war häufig erstaunt, wie schäbig Hugo Adèles Mutter behandelte, und so erzählte er schließlich dem Freund von seinen Gefühlen für dessen Ehefrau. Obgleich ihre Freundschaft nicht sofort zerbrach, starb sie natürlich langsam ab. Hugo war ganz besonders verletzt, als der Kritiker ihm einige Liebesbriefe seiner Frau übergab. »Sie sind der Mensch, den ich am meisten geliebt habe«, hatte sie an Sainte-Beuve geschrieben, »und dabei nehme ich auch nicht meine Kinder aus.« Ihren Mann erwähnte sie nicht.

Wütend und verletzt, zwang Hugo seine Frau, zwischen ihm und Sainte-Beuve zu wählen. Sie war eine pragmatische Frau und entschied sich für Hugo. Zweifellos dachte sie an ihre Kinder, aber vielleicht ging ihr auch ihre frühe verbotene Liebe zu Victor durch den Kopf; vielleicht hoffte sie, daß ihr diese Episode jene friedvollen Tage zurückbringen werde. Sainte-Beuve seinerseits schrieb, daß die kleine Adèle das Band zwischen ihm und Madame Hugo sei; aber Victor erlaubte ihm nicht mehr, sie zu sehen. »Durch sie liebe ich Dich noch immer, und jeder Anflug von Haß wird in der Erinnerung an ihre Gegenwart getilgt«, schrieb er.[5] Das Kind symbolisierte Hugos schlimmsten Verdacht gegen seine Frau.

Hugo hatte zärtlich und heftig um seine Kindheitsliebe, die schöne Adèle Foucher, geworben, und das Schicksal, das seine Hand mit im Spiel hatte, als sie zusammenkamen, half vielleicht, daß sie auch später durch dick und dünn zusammenhielten. Ihre Heirat war schon vor ihrer beider Geburt scherzhaft durch Hugos Vater Léopold vorausgesagt worden. Der damalige Offizier Léopold Hugo und Sophie Trébuchet heirateten, und drei Wochen später folgten ihnen ihre guten Freunde Pierre Foucher und Anne-Victoire Asseline (die späteren Eltern von Adèle Foucher) in den Ehestand. Bei dem Foucherschen Hochzeitsfrühstück hob Léopold das Glas auf das Wohl seines Freundes und rief: »Es ist mein Wunsch, daß ihr schnell ein Mädchen bekommt. Ich werde einen Jungen kriegen, und wir werden sie miteinander verheiraten.« Fünfundzwanzig Jahre später wurde das Versprechen eingelöst, aber nicht ohne viel Geduld und Hartnäckigkeit seitens der jungen Liebenden.

Victor und Adèle waren sich zum erstenmal im Jahre 1809 begegnet, und zwar in Les Feuillantines, dem Pariser Domizil von Victors Mutter, Sophie Trébuchet Hugo. Victor war sieben Jahre alt; seine zukünftige Braut sechs. In den darauffolgenden Jahren verbrachten sie viel Zeit miteinander. Am 26. April 1819 wagten der siebzehnjährige Victor und die sechzehnjährige Adèle, einander ihr größtes Geheimnis zu enthüllen: »Je t'aime«, flüsterte er der Schönheit mit rabenschwarzem Haar zu. »Moi aussi, je t'aime«, antwortete sie. Sofort verlobten sie sich, auch wenn ihre Liebe geheim blieb. Als sie schließlich den Eltern ihre Liebe kundtaten, widersetzten sich überraschenderweise beide Elternpaare der Verbindung, und das Paar mußte noch weitere drei Jahre warten, bis es sein Ehegelübde ablegen konnte.

Sophie Hugo lehnte es ab, sich von irgendeinem Argument ihres Sohnes zugunsten seiner Eheschließung mit Adèle Foucher umstimmen zu lassen, denn sie war der Meinung, daß seine Familie nicht den gleichen sozialen Status wie die ihre hatte. Und die Fouchers wiederum machten sich Sorgen, ob Victor überhaupt in der Lage war, eine Familie zu ernähren. Wieder einmal griff das Schicksal ein. Im Jahr 1820 erweckte Hugos »Ode auf den Tod des Herzogs von Berry« die Aufmerksamkeit des Königs Ludwigs XVIII. und rührte sein Herz, so daß er ihm eine kleine Apanage gewährte. Im darauffolgenden Jahr starb Sophie Hugo und damit das Haupthindernis für die Verbindung ihres Sohnes mit Adèle Foucher. 1822 erschien sein erstes Buch *Les Odes et Poésies diverses*, und es war nun nicht mehr zu leugnen, daß Hugo allmählich als Schriftsteller akzeptiert wurde. Der Weg für eine Eheschließung war frei. Am 12. Oktober 1822 heirateten Adèle Foucher und Victor Hugo.

Aber selbst jener Tag wurde durch eine Tragödie gekennzeichnet. Victors Bruder Eugène liebte insgeheim Adèle, und auch er war ein Dichter – im Jahre 1818, als er achtzehn Jahre alt war, fand seine »Ode auf den Tod des Herzogs von Enghien« die Bewunderung der Académie des Jeux Floraux de Toulouse. Er war wie sein jüngerer Bruder launisch, aber es wurde bald offenkundig, daß ihm dessen Selbstbeherrschung als ausgleichendes Element fehlte. Zwei Monate nach der Preisverleihung bemerkte Monsieur Biscarrat, ein Lehrer an der Pension Cordier, in einem Brief an Victor, daß er den Eindruck habe, Eugène leide unter dem, was er als »dementia«[6] beschrieb.

Es diente der Sache nicht, daß Victor auch noch dabei war, seinen älteren Bruder in der Poesie bei weitem zu übertreffen, die doch Eugènes Betätigungsfeld war. Als er dann mitansehen mußte, wie Adèle, für die er in Leidenschaft entbrannt war, seinen Bruder und Rivalen heiratete, überstieg dies seine Kräfte. An jenem Tag hatte Eugène Hugo einen Nervenzusammenbruch.

Obgleich Victors Hochzeitstag durch den Vorfall verdorben worden war, ließ er seinen Bruder nicht im Stich. Eugène blieb drei Monate lang bei den Frischvermählten. Dem glücklichen Paar so nahe zu sein, muß die Nöte des leidenden Bruders noch vergrößert haben, und bald zeigte sich die schmerzliche Realität: Der Patient brauchte mehr Fürsorge, als Victor und Adèle ihm geben konnten. Victor, der bis dahin seinen Bruder pflichtbewußt finanziell und emotional unterstützt hatte, sah keinen anderen Ausweg, als am 20. Dezember ihrem Vater zu schreiben, daß »Eugène krank, und zwar gefährlich krank war. Ich habe Ihnen häufig von seinem beklagenswerten Zustand erzählt. Seit mehr als einem Monat ist es schlimmer geworden, in einer Weise, die uns alle ziemlich alarmiert hat, und wir konnten kein angemessenes Heilmittel für ihn finden, da sein Wille ungebrochen war und er störrisch jegliche Hilfe und Fürsorge ablehnte.«[7]

Im Januar 1823 kam Léopold Hugo, auch er Schriftsteller und nun General, aus Blois herbeigeeilt, um sich selbst von Eugènes Verfassung zu überzeugen. Er stimmte offensichtlich mit seinem jüngsten Sohn überein, denn er nahm Eugène mit nach Hause. Kurze Zeit später hatte General Hugo ihn in eine Irrenanstalt in Charenton eingewiesen, wo er seltsamerweise keinen Besuch empfangen durfte. Er starb im Jahre 1837, offenbar ohne je seine geistige Gesundheit wiedererlangt zu haben. Welcher Art seine Beschwerden wirklich waren, fand man nie heraus, dies lag vielleicht an der Zurückhaltung der Familie, Einzelheiten zu enthüllen, oder an der damaligen medizinischen Unkenntnis.

Gewiß, die drei Hugo-Brüder – Abel, Eugène und Victor – waren unkonventionell erzogen worden; weder die Mutter noch der Vater waren vorbildliche Eltern gewesen. Beide hatten eine Vorliebe für außereheliche Beziehungen ohne Rücksicht auf ihre elterlichen Pflichten. 1802, im Geburtsjahr Victors, hatte seine Mutter eine heiße Affäre mit einem Weggefährten seines Vaters, dem General Victor Lahorie, der später erschossen wurde, weil er versucht hatte, Sophies Plan, eine Revolution anzuzetteln, in die Tat umzusetzen. Es war ein offenes Geheimnis, daß sie den jungen Victor nach dem General benannt hatte. Im selben Jahr trennten sich Léopold und Sophie. 1806 fanden sie in Neapel für kurze Zeit wieder zusammen, und Sophie und ihre drei Söhne blieben dort, während Léopold quer durch Europa Ruhm – und jüngeren Frauen – nachjagte. 1809 wurde Léopold in den Rang eines Generals erhoben und zum Gouverneur der spanischen Provinz Avila ernannt. Ein Jahr später erhielt er den Titel eines Grafen von Siguenza; inzwischen lebte er offen mit Catherine Thomas zusammen. Zu jener Zeit wurde Joseph Bonaparte von seinem mächtigeren Bruder Napoléon zum König von Spanien ernannt. König Joseph fand bald heraus, daß Léopold »im Konkubinat« mit Catherine Thomas lebte und sich seit langem von seiner Frau entfremdet hatte. Der schockierte Monarch befahl Sophie und ihren drei Söhnen, zu ihrem Familienoberhaupt zurückzukehren.

1810 kamen Sophie, Abel, Eugène und Victor in Spanien an. Aber Léopold hatte schließlich doch noch Wind bekommen von der Affäre seiner Frau mit Lahorie und verlangte die Scheidung. Er bestand darauf, seine Söhne bei sich zu behalten und schrieb sie an einer örtlichen Schule ein. Wieder griff König Joseph ein und verlangte, daß Léopold seine Geliebte verließ, seine Kinder freigab und die ganze Familie nach Frankreich abreiste. Obwohl Léopold unmittelbar darauf nach Frankreich zurückkehrte, versöhnte sich das Paar nicht mehr. 1815 wurde es gerichtlich getrennt, und Léopold heiratete seine langjährige Geliebte.

Solche Bruchstücke aus dem Drama des wirklichen Lebens weckten das Schreibtalent der Hugo-Brüder. Victor konnte nicht nur alles aus seiner stürmischen Jugendzeit als Material für seine literarischen Werke verwerten, sondern es formte auch seinen Charakter und beeinflußte unleugbar sein eigenes häusliches Verhalten. Schon in seinen frühen Jugendjahren zeigten sich Victors literarisches Genie und seine Neigung zum Pompösen. Mit vierzehn Jahren erklärte er großspurig, er werde »Chateaubriand oder nichts«. Als er zwanzig Jahre alt war, mehrten sich seine Erfolge Schlag auf Schlag, und er wurde immer egozentrischer und herrschsüchtiger. Er war ein Genie, und die obligatorischen Begleiterscheinungen erschwerten bald das Zusammenleben mit ihm.

Obgleich Hugos leidenschaftliche Liebe zu seiner Frau bis zu dem Zwischenfall mit Sainte-Beuve nie nachgelassen hatte, war sie es leid geworden, seine Launen zu bedienen. Außerdem teilte sie nicht seinen unersättlichen Drang nach Sex, hatte sie doch die Früchte seiner ehelichen Pflichterfüllung zu tragen. Ihre Schwangerschaften waren allesamt schwierig gewesen und die fünf Geburten äußerst schmerzhaft; sie gelobte, keine Kinder mehr zu bekommen. Da es keine zuverlässige Schwangerschaftsverhütung gab, blieb Madame Hugo kaum etwas anderes übrig, als gegenüber den fortwährenden Annäherungsversuchen ihres Mannes kalt zu bleiben. Ob sich die platonische Liebe zwischen Madame Hugo und Sainte-Beuve vor oder nach der Geburt der kleinen Adèle zu einer physischen Beziehung entwickelte, bleibt unklar. In Anbetracht der unumstößlichen Entscheidung Madame Hugos, keine Kinder mehr zu bekommen, ist es möglich, daß der Beziehung die letzte Erfüllung fehlte, sie aber dennoch nicht ganz platonisch war.

Der Aufruhr, der Sainte-Beuves Enthüllung folgte, dauerte länger als sechs Monate. Im Januar 1832 hatten sich die Beziehungen zwischen Hugo und dem Kritiker wieder auf einer freundlichen, wenn auch zurückhaltenden Ebene eingependelt. Die junge Schriftstellerin George Sand schrieb im Januar 1833 an Sainte-Beuve (dem sie nie begegnet war) und bat ihn um zwei Freikarten für die Premiere von *Lukrezia Borgia,* des jüngsten Stückes von Hugo. Kurze Zeit später erhielt Sand die gewünschten Karten, ein Beweis dafür, daß Sainte-Beuve und Hugo wieder in gutem Einvernehmen waren.

Aber offenbar dauerten die liebevollen Erinnerungen an gemeinsame Zeiten bei Sainte-Beuve und Adèle fort: Als die kleine Adèle zehn Jahre alt war, schickte Madame Hugo Sainte-Beuve ein Porträt, das sie von ihrer Tochter gezeichnet hatte, und sie sandte ihm auch »als kostbares Souvenir« ihren Hochzeitsschleier. Sainte-Beuves Antwort war die Veröffentlichung des *Livre d'Amour*, eines Buches mit Liebesgedichten über Madame Hugo und solchen, die an sie gerichtet waren; eine für alle Beteiligten peinliche Angelegenheit! Obgleich Hugo während seiner Abwesenheit von Paris mit der kleinen Adèle liebevolle Briefchen wechselte, verminderte der Zweifel an seiner Vaterschaft unmerklich seine Zuneigung, oder zumindest wirkte seine Reaktion auf ihre kindlichen Bedürfnisse recht kühl. Der Rest der Familie bildete offenbar eine Gemeinschaft, aus der Adèle ausgeschlossen war; später wies Madame Hugo die anderen zurecht, weil sie sich so verhielten, als »existiere« Adèle »nicht«. Dennoch war Hugo ein hingebungsvoller Vater mit fortschrittlichen Vorstellungen von einer richtigen Kindererziehung. Von Anfang an war es jedermann klar, daß Léopoldine nicht nur das Lieblingskind ihres Vaters, sondern auch ihrer Mutter war. Charles, François-Victor und Adèle waren keine Konkurrenz für die lebhafte Léopoldine. Hugo liebte seine älteste Tochter abgöttisch zu einer Zeit, in der Söhne noch höher im Kurs standen, nicht nur um den Familiennamen weiterzugeben, sondern auch um Frankreichs dringendes Bedürfnis nach Soldaten zu befriedigen. (Gleichwohl konnten zu dieser Zeit die weiblichen Kinder wie die männlichen Geld und Eigentum erben.)

Die sensible Adèle, die ihrer ältesten Schwester erstaunlich ähnlich war, erkannte schnell, daß ihre drei Geschwister in der Familienhackordnung den Vorrang hatten. Rein äußerlich wurde Adèle nicht weniger Fürsorge zuteil als ihren Brüdern und ihrer Schwester, denn auch Madame Hugo hatte aufgeklärte Vorstellungen von Kindererziehung. Madame Hugo fühlte sich verantwortlich für den Tod ihres ersten Kindes Léopold, weil sie ihn Ammen anvertraut hatte. Sie bestand darauf, daß sie ihre übrigen Kinder selbst stillte und versorgte, obwohl Ammen in Mode waren und das Stillen für eine Frau ihres Standes als geschmacklos galt.

Auch entbehrte Adèle keine materiellen Dinge. Als Säugling wurde sie von ihrer Mutter, wahrscheinlicher noch von einem Dienstmädchen, im Kinderwagen spazierengefahren, in die Tuilerien, die Luxemburg-Gärten oder auf den Champs-Élysées. Wie alle französischen Kinder zu jener Zeit erfreute sie sich größerer elterlicher Aufmerksamkeit, Zuneigung und Nachsicht als ihre deutschen und englischen Zeitgenossen, deren Mütter und Väter fest davon überzeugt waren, daß nicht nur körperliche Züchtigung zur Tugend führte, sondern daß Kinder von Natur aus wilde Tiere waren, aus denen die Bösartigkeit herausgeprügelt werden mußte. Französische Eltern hatten das Glück, sich mehr als ein halbes Jahrhundert lang der aufgeklärten Weisheit eines Jean-Jacques Rousseau zum Thema »Kindererziehung« zu erfreuen. Rousseau war einer der ersten, der seinen Glauben an das grundsätzlich Gute und die Unschuld von Kindern und den Nutzen von Liebe und Fürsorge zum Ausdruck brachte, obwohl er selbst seine eigene Lehre nicht immer befolgte.

Victor Hugo liebte sicherlich seine Kinder, aber die Zielstrebigkeit, die zweifellos zu seinem literarischen Genie beitrug, und ebenso seine berühmte Konzentrationsfähigkeit und seine unglaubliche Produktivität steigerte, förderte nicht gerade ein heiteres und ausgeglichenes Familienleben. Die junge Adèle lernte sehr früh die oft schmerzlichen Lektionen in Sachen Liebe, Begehren, Eifersucht, Verrat oder gar Rache. Als junge Frau ging sie nicht den Fallen der opernhaften Dimension des

Lebens aus dem Weg, sondern machte sie sich zu eigen, genau so wie es sich im Hugoschen Haushalt abspielte.

Nach der Liaison seiner Frau mit Sainte-Beuve und ihrer Weigerung, die sexuelle Beziehung mit ihrem Mann wiederaufzunehmen, begann Hugo eine Reihe von Affären, oft mit mehreren Frauen gleichzeitig. Viele waren von langer Dauer. Diese Angewohnheit blieb ihm bis zu seinem Tod. Die erste und am längsten währende außereheliche Beziehung hatte er zu Juliette Drouet, einer jungen Schauspielerin, deren Mangel an Talent sie nicht daran hinderte, in mehreren von Hugos Stücken zu spielen. Ihre erste Rolle war die der Prinzessin Négroni in *Lukrezia Borgia.* Die Premiere war im Februar 1833. In jenem Monat waren Hugo und die hübsche, zarte Juliette – die einmal das Modell eines Bildhauers gewesen war – Liebende geworden. Zur selben Zeit hatte sich George Sand (die damals mit Hugo korrespondierte, ihm aber nie begegnet war) in eine berühmtere und versiertere junge Schauspielerin verliebt, Marie Dorval. In einem Brief vom 27. Januar 1833 versuchte Gustave Planche Sand daran zu hindern, sich zu sehr mit der Dorval einzulassen. Er schrieb, daß ein »intimer Vertrauter« von Juliette Drouet – möglicherweise Hugo – ihm erzählt habe, daß die Dorval »dieselbe Art Leidenschaft für J... hegte, wie einst Sappho für die Damen von Lesbos«[8]. Es ist nicht bekannt, ob Sand Planches Information als Warnung oder als Empfehlung aufnahm.

Im Sommer des Jahres 1845 trieb Hugo eine seiner Tändeleien fast ins Verderben. Im vorherigen Jahrhundert und während der napoleonischen Jahre war Ehebruch nicht nur toleriert, sondern man war sogar dazu ermutigt worden. Aber um 1845 wandte man, obwohl außereheliche Affären weiterhin alltäglich waren, die strengen Gesetze, die auf dem Papier schon lange galten, um dem Ehebruch Einhalt zu gebieten, erneut mit Nachdruck an. Hugo bekam zu spüren, wie ernst das gegenwärtige Regime solche Verfehlungen nahm, als er sich unvorsichtigerweise mit Léonie Biard einließ, der Frau eines bekannten Malers. »Du bist ein Engel«, schrieb er ihr in einem Brief. »Ich küsse Deine Füße. Ich küsse Deine Tränen.«[9]

Unter dem Namen Lafon mietete Hugo eine Wohnung in der Rue Saint-Roch für ihre Stelldicheins, und vielleicht wußte er nicht, daß es auch illegal war, für diese Zwecke eine Wohnung unter falschem Namen zu mieten. Als am 5. Juli der Morgen dämmerte, überraschte ein Gendarm Léonie und Hugo *in flagranti.* (Eugène Ionesco gibt einen erheiternden, wenn auch etwas unrealistischen Bericht über diesen Vorfall in seinem satirischen Werk *Hugoliad.*) Offenbar hatte Léonie kurz vor dem skandalösen Ereignis den Verdacht ihres Gatten erregt, als sie ihn um die Scheidung bat. Die Bitte überzeugte Biard, der schon immer das Tun seiner Frau mit Mißtrauen verfolgt hatte, daß irgend etwas im Gange war. Schließlich vergewisserte er sich. Als der rachsüchtige Ehemann das Paar in der Rue Saint-Roch aufgespürt hatte, ließ er seine Frau verhaften. Die unglückselige Léonie wurde in das schreckliche Frauengefängnis von St. Lazare geschickt.

Hugo jedoch kam ungeschoren davon. Es gereichte ihm nicht gerade zur Ehre, daß der Dichter sofort seine Rechte als Pair von Frankreich beschwor, die ihn dazu berechtigten, ausschließlich von einer Pair-Versammlung verurteilt zu werden. Er brauchte sich nicht dem *code civil* zu unterwerfen, und er weigerte sich, mit den Beamten zusammenzuarbeiten. Das Getöse beruhigte sich erst, nachdem König Louis-Philippe I. höchstpersönlich eingegriffen hatte, indem er Biards männlichen Stolz beschwichtigte und ihn mit einigen Arbeiten für einen seiner Paläste beauftragte. Hugo gelang es, ohne Anklage oder Rüge davonzukommen.

Hugo unternahm keinerlei Anstrengungen, seine Geliebte aus dem Gefängnis herauszuholen, er besuchte sie nicht einmal. Erstaunlicherweise war es Madame Hugo, die nach der im

Gefängnis vergessenen Léonie sah und für ihre Entlassung sorgte. Die beiden Frauen hatten offensichtlich schon früher ihre Kräfte in dem Bemühen vereinigt, Juliette Drouet aus Hugos Herzen – und seinem Bett – zu vertreiben. Obwohl Léonie schon einige Zeit im Gefängnis verbracht hatte, zwang man sie, für weitere sechs Monate in ein Kloster zu gehen, bevor man ihr die Freiheit gewährte. Am Schluß jedoch bekam sie ihren Willen: Ihr Mann beantragte die Scheidung. 1851 schickte Léonie Hugos Liebesbriefe an Juliette; noch im selben Jahr ergriff sie die Feder und baute ihre Karriere als Schriftstellerin auf. Dies dauerte sechs Jahre.

Hugos Familie litt unter den Folgen seiner außerehelichen Affären ebenso wie unter seiner wachsenden Launenhaftigkeit und seinem Größenwahn, aber am 4. September 1848 erschütterte eine noch größere Katastrophe sie bis in die Grundfesten. An jenem Tag machten Léopoldine und ihr seit sieben Monaten angetrauter Ehemann, Charles Vacquerie, eine Bootsfahrt auf der Seine bei Villequier, dem Wohnort der Familie Vacquerie. Mit von der Partie in dem kleinen Rennboot waren Charles Onkel, Pierre Vacquerie, und Pierres zehnjähriger Sohn. Aus nicht bekannten Gründen kippte das Boot in der unberechenbaren Strömung um. Versuche, Léopoldine, die im dritten Monat schwanger war, aus dem kalten Wasser zu retten, waren umsonst. Ihr junger Ehemann, der ein ausgezeichneter Schwimmer war, weigerte sich, seine Frau ihrem Schicksal zu überlassen, und starb mit ihr. Ebenso ertranken Onkel und Vetter. Am 6. September gab es ein vierfaches Begräbnis in Villequier. Madame Hugo, vor Gram außer sich, blieb ihm fern. Noch etliche Wochen danach lag sie im Bett und wollte selbst sterben. Tagelang weigerte sie sich zu sprechen und barg die langen schwarzen Haare, die man der Tochter nach dem Tod abgeschnitten hatte, in ihren Armen.

Victor Hugo, der mit Juliette Drouet in Spanien Urlaub machte, wußte nichts von der Tragödie. Dann, »am 9. September hielten die beiden Reisenden auf ihrer Rückfahrt in einem Café in Rochefort an, um Erfrischungen zu sich zu nehmen und die neuesten Nachrichten zu lesen, was sie tagelang nicht getan hatten. Als Hugo zufällig eine Zeitung aufschlug, rief er: ›Es ist schrecklich!‹ und sah aus, als habe ihn ein Blitzschlag getroffen.« [10]

Nach diesem Ereignis war keiner mehr der alte. Victor Hugo war außerstande, Romane oder Stücke zu schreiben, und wandte seine Aufmerksamkeit der Poesie zu. Die dreizehn Jahre alte Adèle, bestrebt, die pflichtbewußte Tochter zu spielen, war in jener Zeit damit beschäftigt, ihre Familie zu trösten, zum Schaden ihres eigenen Wohlergehens. Trotz all ihrer Bemühungen, sich selbst und ihre Familie von der Tragödie abzulenken, fand das Leben nie wieder zur Normalität zurück, und viele Jahre lang trauerte die Familie recht melodramatisch um Léopoldines Tod. Zehn Jahre später hängten sie das Kleid, in dem die Lieblingstochter ertrunken war, in ihrem Haus auf Jersey auf, und allmählich glaubten sie daran, Léopoldine steige aus dem Grab herauf, um in nächtlichen Seancen mit ihnen zu sprechen. Aber am stärksten hatte Adèle der Tod ihrer Schwester getroffen, sie war schließlich ganz auf Léopoldine fixiert.

Adèle behielt das tiefe Leid fast ganz für sich, aber Photos, die ihr Bruder Charles (Photographieren war sein neuestes Steckenpferd) gemacht hatte, zeigen eine nachdenkliche, ja melancholische junge Frau von gespenstische Schönheit. Obgleich die Mode der Zeit verlangte, daß man für den Photographen, Maler oder Bildhauer eine ernste Pose einnahm, konnte Adèle ihre gefühlsmäßige Verwundbarkeit nicht verbergen. Sie hatte ernste Augen und ein zartes Gesicht. Unter ihren Miedern, Schichten von Unterröcken und schweren, dunklen Kleidern (der Inbegriff französischen Schicks) verbarg Adèle eine schlanke Figur. Die krönende Pracht war ihr dichtes, schwarzes Haar, das bis auf den Boden fiel, wenn es aus den riesigen, geflochtenen

Adèle Hugo

Schnecken zu beiden Seiten des Gesichts gelöst war. Selbst Juliette Drouet verkündete unumwunden, daß Adèle ein »süßes und hinreißendes Mädchen«[11] war. Sie war nicht die einzige, die das so sah. Die fromme, elegante und zurückhaltende Adèle wurde für eine *»jeune fille accomplie«* (vollkommene junge Dame) gehalten. Obgleich sie noch ein Teenager war, rühmten sie viele Bekannte als eine gute und interessante Schriftstellerin, sowie als eine versierte Pianistin und Komponistin.

Für die schöne, talentierte junge Dame muß es schwierig gewesen sein, sich so zu benehmen, wie man es von tugendhaften französischen Mädchen erwartete, und ohne Widerrede dem Vater zu gehorchen. Trotz der fehlenden Schulbildung (eine Ausbildung wurde nicht als notwendige Vorbereitung zur guten Ehefrau und Mutter, Hausfrau und Zierde des Salons angesehen) war Adèle aufgeweckt und interessiert; sie wandte sich häufig Themen zu, die als viel zu schwierig und kompliziert für das schöne Geschlecht galten. Dazu hatte Adèle die leidenschaftliche Natur ihres Vaters geerbt, und all dies, kombiniert mit ihrer Schönheit, machte sie zu einer begehrten Gefährtin für das andere Geschlecht. Kein Wunder, daß sich Hugo gezwungen sah, es anderen rechtschaffenen französischen Vätern gleichzutun und seine Tochter einzusperren, bis sie verheiratet war.

Trotz der Vorsicht ihres Vaters und der wachsamen Augen der Familie und der Bediensteten, gelang es Adèle, zumindest zweimal als Heranwachsende die Erfüllung ihrer Leidenschaft zu finden. Das erste Mal geschah es, als sie sechzehn Jahre alt war, mit ihrem zukünftigen Verlobten, Auguste Vacquerie, dem Bruder von Charles Vacquerie, der so tragisch mit Léopoldine umgekommen war. Unter den schattigen Arkaden, die die Place Royale umgaben, und außer Sichtweite der Familie in der Wohnung im dritten Stock, tauschte Adèle ihren ersten Kuß mit dem sechsundzwanzigjährigen Vacquerie. Dem natürlichen Verlauf der Dinge gemäß blieb es nicht dabei. Bei einem Rendezvous gestand er: »Ich habe Molière gelesen; Molière war unglücklicher als ich. Ich will deinen Körper nicht ohne dein Herz; ich will dich nicht wie eine Prostituierte behandeln – ich habe mehr Achtung vor dir.«

»Ja, du hast gelitten«, antwortete Adèle. »Ich habe mich dir hingegeben, weil du gelitten hast. Prostitution kann höchste Hingabe sein, und wir wissen nicht, ob das Freudenmädchen nicht eine barmherzige Schwester ist.«[12]

Ihre Unterhaltung zeigt, daß Adèle eine recht entspannte Einstellung zur sexuellen Intimität hatte und dies Auguste vielleicht unangenehm war. Obwohl es für die Männer jener Zeit nicht ungewöhnlich war, eine Geliebte zu haben, wäre ein ähnliches Verhalten bei einer Frau, besonders einem unverheirateten Mädchen, skandalös gewesen. Doch hatte Adèle offenkundig mit ihrem Vater die leidenschaftliche Natur gemeinsam, denn ihr Verhältnis mit Vacquerie war nur das erste ihrer jugendlichen Liebesbeziehungen. Ihre Vernarrtheit in Vacquerie, einem streng aussehenden Mann mit einem harten Profil, wurde wahrscheinlich zum Teil durch ihre Neugierde auf körperliche Intimität ausgelöst. Sie hatte gehofft, durch eine Verlobung mit ihm vielleicht die gleiche stürmische Liebe zu entdecken, die ihre Schwester Léopoldine bei seinem Bruder Charles gefunden hatte. Aber das erste Glühen der Liebe erlosch bald. Später im Jahr verliebte Adèle sich neu. Dieses Mal suchte sie sich Jean-Baptiste Auguste Clésinger aus, der einen schlechten Ruf hatte, aber ein talentierter Bildhauer war; er war bekannt als Säufer und Verführer junger Frauen. Als Adèle im Jahre 1854 hörte, daß er im Sterben lag, vertraute sie ihrem Tagebuch an, daß Clésinger, der beträchtlich älter war als sie,

> einer der Männer war, der in meinem Herzen das Feuer der Liebe entfacht hatte, der es wieder entfachen könnte. Werde ich nie mehr seine Blicke sehen – so heiß und so kalt –, die

ich drei Jahre lang auf mir gespürt habe? Clésinger! Ich erinnere mich, als ich dich das letzte Mal gesehen habe. Es war in Paris. Die ganze Nacht warst du mir nahe. Du hast mich umworben, du warst in meiner Liebe versunken. Oh! Du warst ein Genie: das Genie ist in deinen Händen, das Genie ist in deinen Augen. Ich habe dich geliebt. Wenn du bei mir warst, war ich glücklich.[13]

Clésingers ungebändigte Genialität, so anders als Vacqueries Melancholie, hatte sie geblendet. Ihre schwülstigen Beschreibungen im Tagebuch lassen vermuten, daß sie auch mit ihm sexuell intim war, vielleicht ohne seine rohe, gewalttätige Seite zu kennen, die sich in der Vorliebe kundtat, seine schwangere Geliebte zu schlagen. Er verlor bald das Interesse an Adèle, aber die Verwirrte konnte nicht verstehen, daß sie von einem habgierigen Künstler benutzt und weggeworfen worden war. Sie blieb selbst dann noch auf Clésinger fixiert, als er Solange Sand, George Sands halbwüchsige Tochter, kennengelernt, verführt und geheiratet hatte.

Adèle und Solange kannten sich nicht, aber sie waren fast gleichaltrig, von ähnlicher Herkunft und gesellschaftlichem Stand und außerordentlich leidenschaftlich. Zu jenem Zeitpunkt war Solange mit einem M. de Préaulx verlobt und kam mit ihrer Mutter nach Paris, um für ihre Aussteuer einzukaufen. Da sie nun schon einmal in Paris waren, beschlossen sie, sich von Clésinger Büsten in Marmor meißeln zu lassen. Nach drei oder vier Sitzungen bei Clésinger, der sich von seiner charmantesten Seite zeigte, teilte Solange ihrer Mutter mit, sie werde nicht ihren Verlobten, sondern den mittellosen Bildhauer heiraten. »Jean-Baptiste Auguste Clésinger war alles andere als der Traum einer Mutter von einem Schwiegersohn. Er war ungehobelt wie ein Kürassier, was er auch früher einmal gewesen war, er trank gerne einen über den Durst und war ein chronischer Verschwender.«[14]

Er und Solange heirateten im Frühjahr 1847, nur wenige Wochen, nachdem Solange M. de Préaulx den Laufpaß gegeben hatte. Zwei Monate später war Solange schwanger. Die Beziehung erwies sich als turbulent, und Clésinger vertrank bald die beträchtliche Mitgift seiner Frau. Bei einem Besuch in Nohant, dem Anwesen der Sands, brachte er im betrunkenen Zustand seinen Schwager fast um und schlug sogar seine Schwiegermutter. Sand, die nicht gerade von Schüchternheit geplagt war, wenn es darum ging, sich zu behaupten, war entsetzt. »Dieses teuflische Paar ist gestern abend abgefahren«, schrieb sie, »sie stecken bis über beide Ohren in Schulden, frohlocken in ihrer Überheblichkeit und hinterlassen einen Skandal, über den nie Gras wachsen wird. Drei Tage lang habe ich in meinem eigenen Haus in Todesangst gelebt. Ich will sie nie wiedersehen, sie werden nie wieder diesen Ort mit ihren Füßen beschmutzen.«[15]

Auch wenn Adèle ihre verlorene Liebe beklagte, war sie doch ohne Clésinger besser dran. Aber so sah sie es nicht. Noch Jahre später trauerte sie um den Verlust. »Ich hatte den Himmel in meiner Seele«, schrieb sie. »Ich habe geliebt, ich habe gespürt, wie schön du mich fandest. Ich war achtzehn. Liebe, glückliche Liebe, es gibt nichts anderes auf der Welt.«[16]

Nachdem Clésinger sie verstoßen hatte, träumte Adèle einen seltsamen Traum. »Eines Nachts, als ich schlief«, schrieb sie, »erschien in den Träumen, die dem tiefsten Schlaf vorangehen, das Gesicht eines Engländers vor mir und sagte, daß er die Rolle des Liebhabers in meinem Leben spielen würde.«[17] Sie hat den Traum nie vergessen – oder den gutaussehenden Fremdling darin.

Mit zwanzig Jahren war Adèle die geistlose Routine des gesellschaftlichen Pariser Lebens mit seinen hohlen Galanterien und steifen Formalitäten leid. Ihre Einsamkeit war unübersehbar, selbst für Fremde. Während des Mittagessens bei Chez Robelin sagte Eugène Vivier, ein Musiker und Komponist, zu ihr: »Sie sind eine außergewöhnliche Frau. Ohne Sie jemals vorher gesehen zu haben, bin ich sicher, daß Sie sehr ungewöhnlich sind. Sie haben unter den jungen Damen Ihres Alters keine Freundinnen.«

»Nein«, antwortete sie, »ich habe keine.«

Adèle tröstete sich damit, daß sie ihrem Vater und den illustren Gästen lauschte, die so häufig den Familiensalon mit lebhaften Diskussionen über Politik, Literatur und soziale Gerechtigkeit füllten. Im selben Raum trafen sich auch Europas berühmteste Musiker, die zum Dinieren, Diskutieren und – zu Adèles Entzücken – zum Musizieren kamen. Sie hatte weder den Schock durch Léopoldines Tod überwunden, noch war es ihr gelungen, in den Augen ihres Vaters ein Ersatz für seine Lieblingstochter zu werden. Ihr hartnäckiges Festhalten an Clésinger trotz der vielen anderen in Frage kommenden Männer – einschließlich Auguste Vacquerie – war das erste Anzeichen dafür, daß irgend etwas mit der ansonsten so brillanten Adèle nicht stimmte.

Große Aufregungen schienen sich für sie und die ganze Familie anzubahnen. 1851 wurden Charles und François-Victor gefangengenommen, und im Dezember desselben Jahres mußte sogar Victor Hugo aus seinem Heimatland fliehen. Hugo hatte dieses Exil selbst verursacht, als Ergebnis des Versuchs eines politischen Doppelspiels, bei dem der Schuß nach hinten losging. Während des Wahlkampfes von 1851 verkündete Victor Hugo in seinen Reden und im *L'Événement,* einer Tageszeitung, die er im Sommer 1848 mitgegründet hatte, lauthals seine Unterstützung für Lamartine als Präsident der Republik. 1851 wurde *L'Événement* von Charles und François-Victor Hugo, Auguste Vacquerie und Paul Meurice geleitet, die auch die meisten Beiträge für das Blatt schrieben. Nach einem Besuch von Charles Louis Napoléon änderte Hugo seine Meinung und gab seine volle Unterstützung – auch in der Zeitung – Napoléon Bonapartes Neffen.

Dies war eine folgenschwere Fehlentscheidung. Trotz Louis Napoléons gelegentlicher Zugeständnisse an die Demokratie strebte er eigentlich eine Diktatur an. Hugo fiel völlig darauf herein, obwohl gerade er hätte imstande gewesen sein müssen, die Warnsignale zu erkennen. 1836 und wieder 1840 hatte Louis Napoléon versucht, Louis-Philippe vom Thron zu stoßen. Er wurde schließlich zu lebenslanger Haft ins Gefängnis geworfen, woraufhin er sich daranmachte, eine Abhandlung über die Ausrottung der Armut zu schreiben. Dies nahm jedoch nicht seine ganze Aufmerksamkeit gefangen; im Jahre 1846 entkam er als Maurer verkleidet und ging nach London. Zwei Jahre später war Louis Napoléon wieder in Frankreich. In jenem Jahr hatten allgemeine Unzufriedenheit über die Ungerechtigkeit des Wahlsystems, dazu eine schnelle Industrialisierung, explosives Wachstum in den französischen Städten und eine Finanzkrise die Abdankung König Louis-Philippes zugunsten des Grafen von Paris erzwungen. Aber das Vertrauen der Bevölkerung in die Monarchie war zerstört, und Lamartine nutzte den Augenblick, um eine provisorische Regierung unter seiner Führung auszurufen.

Die Zweite Republik, die am 24. Februar 1848 verkündet wurde, hatte einen schlechten Start. In ihrem Tagebuch hielt Adèle die Meinung ihres Vaters über die Ereignisse der folgenden vier Monate fest:

> Es war eine seltsame und schreckliche Zeit. Ganz Frankreich war bestürzt und durcheinander, scheinbar fröhlich, jedoch insgeheim voller Angst. Jedermann hatte vor lauter Zweifel Scheuklappen vor den Augen und tappte in einem Vakuum, das nach der Abdankung entstanden war. Bei der Suche nach einer glaubwürdigen Führung war es unmöglich, das Falsche vom Wahren zu unterscheiden, das Gute vom Bösen, das Rechtmäßige vom Unrechtmäßigen, Geschlecht von Ge-

schlecht, Tag von Nacht, diese Frau, die sich Lamartine nannte, von dem Mann, der sich George Sand nannte.[18]

Mit anderen Worten – die Welt, wie die Franzosen sie gekannt hatten, war auf den Kopf gestellt. Der Präsident der neuen Republik hatte einen weiblich klingenden Namen; einer der berühmtesten Schriftsteller der Zeit war eine Frau, die einen Männernamen angenommen hatte. Nichts schien mehr sicher oder voraussehbar zu sein.

Sand, deren wirklicher Name Baronesse Aurore Dupin Dudevant war, setzte die aufkommende Frauenbewegung mit in Gang und riß fast im Alleingang viele gesellschaftliche, moralische und sexuelle Vorurteile der damaligen Zeit nieder. Nachdem sie aus einer Ehe ohne Liebe ausgebrochen war, um ein Leben als Schriftstellerin zu führen, verblüffte Sand die vornehme Gesellschaft, indem sie sich wie ein Mann kleidete, Zigarren rauchte und sich zahllose Liebhaber nahm, einschließlich Frédéric Chopins und Alfred de Mussets. Hugo machte sich nicht die Mühe, Sands Bücher zu lesen (den Werken anderer Schriftsteller widmete er selten viel Zeit), aber sie tauschten Meinungen aus und teilten denselben Freundeskreis, wenn auch nicht dieselben Salons. Die Sand hielt nicht viel von Hugo. Sie beschrieb sein Stück *Ruy Blas* von 1839 als »dümmlich«, »absurd« und »idiotisch«. »Da es seinem Herzen an Feuer mangelt, mangelt es seiner Muse an Geschmack«, bemerkte sie. Für sie war Hugo »ein Mann mit Genie, der durch zu viel Lobpreisung verdorben wurde, und direkt aufs Irrenhaus zugeht.«[19]

Hugo muß in der willensstarken und unerhört selbständigen Sand ein gefährliches Vorbild für junge französische Frauen gesehen haben, insbesondere für seine eigene Tochter, die schon anfing, ihre eigenen Vorstellungen zu entwickeln, wie eine moderne junge Frau sich verhalten sollte. Adèle hatte wohl kaum umhin gekonnt, den ersten radikalen Roman der Sand zu

Victor Hugo mit seinen beiden Söhnen

lesen, *Indiana*, der vielleicht ihre späteren Ansichten über die Ehe geprägt hat. »Die grundlegende Botschaft« des Buches »war revolutionär. Frauen wurden dazu gebracht, klar zu erkennen, daß ihre Eheprobleme nicht Einzelfälle von Unverträglichkeiten waren, sondern das Ergebnis einer Gesellschaftsstruktur, die von Männern erfunden und geschaffen worden war. Sie begannen die bestehende Ordnung in Frage zu stellen, die Frauen zum Eigentum ihrer Männer machte und ihnen die Freiheit der Wahl verwehrte. Die Literaten waren beeindruckt. Sainte-Beuve nannte es ›ein herziges Werk‹; Balzac ›die Reaktion der Wahrhaftigkeit gegen Einbildung.‹«[20] Aus der Sicht Hugos als Vater kam in *Indiana* ganz sicherlich eine beängstigende Einstellung zum Ausdruck.

Doch im geheimen hat Hugo offenbar mit Sand in der wichtigsten und mit Nachdruck vertretenen Ansicht übereingestimmt, daß die Leidenschaft absoluten Vorrang vor der Gesellschaft und ihren Vorurteilen habe. Wie Hugo befaßte sie sich mit den Rechten – oder dem Mangel an Rechten – des gewöhnlichen Volkes und setzte sich dafür ein, die elenden Bedingungen der Mehrheit der arbeitenden Bevölkerung in Frankreich zu verbessern. Sie machte sich die Arbeiterfrage zu eigen, aber sie trat noch viel stärker für die Gleichberechtigung der Frauen während der stürmischen Jahre vor und nach der Revolution von 1848 ein.[21]

Am 4. Juni 1848 wurde Hugo in die Verfassunggebende Versammlung gewählt; am 23. Juni begann eine viertägige Straßenschlacht wegen der hohen Arbeitslosigkeit und der raschen Entscheidung der Versammlung, den arbeitslosen Männern ohne Rücksicht auf ihre Berufe und ihre Ausbildung irgendeine Arbeit zuzuteilen. Hugo ging zu den Barrikaden und wollte versuchen, die Ruhe wiederherzustellen; währenddessen besetzten die Aufrührer Hugos Wohnung im dritten Stock an der Place Royale 6[22] und zwangen seine Familie zu fliehen. Eine Weile wohnten die Hugos in der Rue d'Isly 4, dann zogen sie ein paar Monate später in die Rue de la Tour-D'Auvergne 37.

Aber die Republikaner hatten Teilerfolge errungen. Am 10. Dezember 1848 legte sich das Durcheinander lange genug, damit Wahlen abgehalten – die ersten, bei denen das allgemeine Männerwahlrecht gewährt war – und Louis Napoléon zum Präsidenten der Republik gewählt werden konnte. Der feministische Kampf für das allgemeine Frauenstimmrecht und das Recht, im Mai 1849 wählen zu können, brachte den Wahlkampf auf Trab. Aber Sand selbst lehnte die Aufforderung der Feministinnen rigoros ab, für die Nationalversammlung zu kandidieren.

Die neue Frauenbewegung und Sands unerbittliche Ansichten veränderten für immer Adèles Lebensanschauung. Wie ihre späteren Tagebucheintragungen zeigen, wurde Adèle eine überzeugte Anhängerin der Frauenrechte und betrachtete die Ehe als Tyrannei. Bis etwa zu ihrem fünfzehnten Lebensjahr war Adèle noch ein ruhiges, gehorsames Mädchen gewesen, das wegen seiner Weiblichkeit, seines Einfühlungsvermögens und seiner Schönheit gepriesen wurde. Jetzt fühlte sie sich zu der neuen Rebellion hingezogen. Adèle fing an, die Einstellung der Männer, wie z. B. die ihres Vaters, zu kritisieren; er vertrat die Meinung, Frauen könnten außerhalb des Salons keine bedeutungsvolle Rolle in der Gesellschaft spielen. Seine liberalen Ansichten gingen nicht so weit, daß er den Frauen ein Mitspracherecht in der Regierung einräumte, und er wandte sich sogar gegen Königin Viktorias Recht zu herrschen, indem er trotz genügender Beweise des Gegenteils behauptete, Frauen seien zum Regieren nicht geeignet. Als es den Feministinnen auch mißlang, das Stimmrecht bei den 49er Wahlen zu erringen, war Adèles Enttäuschung groß.

Louis Napoléon arbeitete in aller Stille daran, die vom Volk mühsam erreichten demokratischen Errungenschaften wieder zu Fall zu bringen. Am 2. Dezember 1851 löste er die Nationalversammlung auf, und durch ein Plebiszit unterstützt errichtete er ein autoritäres Regime. Auch dieses Regime erwies sich als provisorisch und wurde bald in eine Erbmonarchie umgewandelt. Erstaunlicherweise konnte der Vorgang ebenfalls durch ein Plebiszit ratifiziert werden, und Louis Napoléon wurde Kaiser Napoléon III.

Im Jahre 1851 traten neue Einschränkungen für Journalisten in Kraft, aber Charles Hugo kümmerte sich nicht darum, und am 16. Mai griff er im *Événement* die Todesstrafe an. Man beschuldigte ihn der Gesetzesmißachtung, und er kam am 11. Juni vor Gericht. Victor Hugo verteidigte seinen Sohn. Charles' Gerichtsverhandlung sollte für Hugo zur Sternstunde werden, zumindest in Bezug auf seine Rede. Er erfüllte seine Aufgabe in bewundernswerter Weise und gewann überlegen einen Punkt nach dem anderen. Selbst seine Verleumder konnten die glühende und beredte Verteidigung des Dichters nur bewundern; sie war so ganz anders als seine üblichen Reden, die durch weitschweifige Erklärungen rätselhaft und rhetorisch schwerfällig wirkten, so daß sie im besten Fall langweilig und im schlimmsten unverständlich waren. Aber Hugos leidenschaftlichem Plädoyer für seinen Sohn fehlte es an Originalität, was man bei ihm auch in späteren Jahren immer wieder bemängelte, und schließlich reichte sein überragender Auftritt nicht, um Charles zu retten. Er wurde zu sechs Monaten in der berüchtigten Concièrgerie und einer Geldstrafe von fünfhundert Franken verurteilt. Dann verhaftete man auch François-Victor wegen seiner Tiraden im *Événement* zur Frage des Asylrechts ausländischer Vertriebener, und er stand am 15. September desselben Jahres vor Gericht. Er wurde zu neun Monaten Gefängnis und einer Geldstrafe von zweitausend Fanken verurteilt. Aber es herrschte allgemein die Meinung, daß die eigentliche Zielscheibe der Dichter selbst war.

Hugo war nicht nur darüber entsetzt, wie Napoléon III. seine Unterstützung verraten hatte , sondern auch über das harte Vorgehen des neuen Regimes, und er wetterte öffentlich gegen das Doppelspiel des Herrschers. Als Vergeltung belegte Napoléon die Zeitung *L'Événement* mit einem Erscheinungsverbot und ließ auch Vacquerie ins Gefängnis werfen. Madame Hugo hatte ebenfalls zwei Artikel für die Zeitung geschrieben, aber sie hatten nicht genügend politisches Feuer, als daß man sie dafür mit ihren Söhnen ins Gefängnis geschickt hätte. Vielleicht nahm man die Meinung einer Frau auch nicht allzu ernst. Bald nach der Gerichtsverhandlung von François-Victor ging Hugo freiwillig nach Brüssel ins Exil, wo er weiterhin für den Sturz Napoléons III. kämpfte.

Eines Nachts hatte Adèle einen sonderbaren Traum:

> Ich war in meinem Schlafzimmer an der Place Royale, und plötzlich trat meine Mutter ein und sagte zu mir: »Dein Vater möchte mit dir sprechen. Er ist verrückt geworden. Er ist außer sich. Er zerschmettert die Fenster...«
>
> Ich rannte zum Salon, und mein Vater bat mich einzutreten: »Ich bin wütend auf Eugène Delacroix, der die Kühnheit besitzt, um deine Hand anzuhalten. Ich habe ihm den Brief mit seiner Bitte zurückgeschickt, und ich schreibe ihm nun einen Brief voller Beleidigungen, die ihn verletzen werden, so daß er auf alle seine Ansprüche auf dich verzichten wird.«

In diesem Traum beschloß Adèle, den Maler auch gegen den Wunsch ihres Vaters zu heiraten (er war älter als Victor Hugo), obgleich sie ihm nie begegnet war:

> Plötzlich erblickte ich die Fackeln, die den Altar und die Dunkelheit erhellten, in die die Kapelle getaucht war. »Bah!« sagte ich. »Ich bin nicht verheiratet. Es ist ein Traum, weil es

Nacht ist und die Fackeln angezündet sind. Es ist ein Traum, es ist ein Traum.«

Mit Mühe stellte ich diese vernünftige Überlegung an, als ich die Augen öffnete und vor meinem Bett in der Rue de la Tour d'Auvergne 37 eine riesige Schale mit Schokolade erblickte, die meine Zofe Elise hereingebracht hatte.

»Mademoiselle wollte nicht aufwachen, ich mußte ganz viel Lärm machen.«

»O Gott, Elise«, antwortete ich, »das hast du gut gemacht. Am Ende von Schlaf und Träumen warten Realität und Schokolade!« Und ich aß mit herzhaftem Appetit![23]

Für die nächsten sechs Monate lebten die beiden Adèles ruhig in Paris und besuchten täglich François-Victor und Charles im Gefängnis. Im November suchten sie den Patriarchen in Brüssel auf. Nach ihrer Heimkehr schrieb Madame Hugo an ihren Mann, daß Adèle auf der Reise schnell ermüdet sei. »Das arme Kind trägt seine Armut nicht so willig wie ich. Wir beide führen ein so zurückgezogenes Leben wie möglich, so wie es sich in unserer Situation gehört.«[24] Am 6. Dezember wurde Adèle krank, offenbar eine psychische Störung, aber sie wurde schnell wieder gesund.

Als im Jahre 1851 die Gefängnisstrafe abgesessen war, verließ Charles Paris, um seinem Vater ins Exil zu folgen. Aber erst am 22. April 1852 konnte Adèle ihrem Vater verkünden: »Toto ist frei.« Dank eines Gnadenerlasses von Napoléon III. brauchte François-Victor die restlichen zwei Monate seiner Strafe nicht abzusitzen – was ihm sehr mißfiel. »Der arme Junge verweigerte mit aller Macht die hehre Gunst, die er gezwungen wurde anzunehmen«, schrieb Adèle. »Napoléons III. Straferlaß ist für Toto ein unglückseliges Glück; seine Haftstrafe war schon über die Hälfte abgesessen, und er wäre lieber im Gefängnis geblieben.«[25] Dennoch befreite François-Victors Entlassung die übriggebliebenen drei Familienmitglieder von ihrer unseligen Gefangenschaft in Paris.

In der Zwischenzeit hatten Hugos politische Aktivitäten dazu geführt, daß die nervösen Belgier, die sehr erpicht darauf waren, dem neuen französischen Regime zu gefallen, ihn auswiesen. Der Dichter wählte die englische Kanalinsel Jersey als Exil für die nächste Zeit. Bei allem Widerwillen gegen England und die Engländer wußte Hugo doch, daß die Insel viele Auslandsfranzosen aufgenommen hatte. Außerdem lag sie ziemlich nahe bei Frankreich, und das trübe Klima und die öde Küste paßten vollkommen zu seiner morbiden Phantasie. Im übrigen hatte sein Idol Chateaubriand dort einige Zeit verbracht. Seine Wahl gereichte keinem Familienmitglied zur Freude, schon gar nicht Madame Hugo. Jersey war klein, unkultiviert und isoliert, höchst unbequem für Reisen nach Paris oder Brüssel. Es war schon zu günstigen Zeiten schwierig, von beiden Hauptstädten nach Jersey zu gelangen; aber oft machten die kurvige Landstraße in Verbindung mit der unsicheren See jegliches Reisen zur Insel zu einem langwierigen Abenteuer. Hinzu kam, daß niemand außer François-Victor einigermaßen fließend Englisch sprach oder die Sprache wenigstens verstand. Dennoch war an Hugos Entscheidung nicht zu rütteln, und er forderte den Clan auf, seine Vorbereitungen für die Übersiedlung zu treffen.

Am 28. Mai 1852 kam der Auktionär Ridel in die riesige Wohnung der Familie, um die zum Verkauf stehenden Gegenstände zu besichtigen. Adèles Erregung steigerte sich, je länger sie und die Mutter ihre Habe durchforsteten und zu entscheiden versuchten, was ihnen im Exil von Nutzen sein würde. Zu den wenigen Dingen, die Madame Hugo behielt, gehörten Hugos Bett und das Sèvres-Porzellan, das ihnen König Charles X. geschenkt hatte.

Am 4. Juni begann Adèle ihr Exiltagebuch.

Am folgenden Tag schrieb sie auf:

> Die Wohnung ist geordnet. Das Zimmer meines Vaters zusammengestellt. Ich habe mich selbst seines Arbeitszimmers angenommen. Sein Schreibtisch steht vorne. Rechts und links sind seine zwei Siegel. Ein bronzener Papierbeschwerer und ein Globus in der Mitte des Tisches. Dann, hinten auf dem Schreibtisch, sein Schreibpapier, das mit seinen Zeichen verziert ist, vier kleine Kartenschachteln, und ein silberner Wasserkrug.[26]

Am 9. Juni drängten sich draußen die Menschenmassen, als die Gegenstände für die öffentliche Besichtigung ausgestellt wurden. Von der Wohnung hatte man einen Panoramablick über Paris, auf den Hugo zu Recht stolz war, und unten konnte Adèle sehen, wie sich auf der Straße die Kutschen drängten. Sie fand es aufregend. Endlich fühlte sie sich in ein Familienabenteuer miteinbezogen; die Zukunft war aus ihrer Sicht wunderbar unsicher:

> Eine lange Schlange aus Kutschen füllt die ganze Rue de la Tour d'Auvergne. Die Menge ist so dicht, daß man ihren Atem spüren kann, wenn man die Fenster öffnet, und wenn man sie schließt, hat man Angst, daß der Besucher erstickt. Ihre Rufe – »Mein Gott, ist das schön«, »Schau mal, die Büste von Madame Hugo!«, »Was für ein schönes Bett!«, »Ich möchte auf Victor Hugos Lehnsessel sitzen!« – drangen zu mir herauf.[27]

Am nächsten Tag, dem 10. Juni, versteigerte M. Ridel den größten Teil des Hugo-Eigentums. Es ging schnell weg. Fast noch einen Monat lang danach lebten Adèle und ihre Mutter in der riesigen und praktisch leeren Wohnung. François-Victor, der nach seiner langen Gefängnishaft dem Charme einer Pariser Schauspielerin erlegen war, lehnte es ab, sich in irgendeiner

Weise an den Vorbereitungen zu beteiligen; er hatte nicht die Absicht, die Hauptstadt zu verlassen, ganz gleich, wie sehr sein Vater auch tobte. Charles wiederum war glücklich in Brüssel und sah auch keinen Grund, sich den Unbilden Jerseys auszusetzen.

Adèle hatte nicht die Kraft, sich dem Vater zu verweigern, und wollte es auch nicht. Sie hieß die stürmischen Winde des Exils willkommen, als wären sie ein warmes Mittelmeerlüftchen. Sie war inmitten der Pariser Fröhlichkeit traurig geworden; für sie war das Exil keine Prüfung, sondern ein romantisches Abenteuer. Jules Janin, ein Freund der Hugos, beschrieb Adèles Melancholie während der letzten Tage in Paris:

> Am offenen Fenster beobachtet ein junges Mädchen in einem weißen Kleid, die Arme über der Brust verschränkt, die schwarzen Haare nach Art der Camille von Corneille frisiert, schweigend die riesige Stadt zu ihren Füßen! Keuscher und naiver Ausdruck eines ehrlichen und aufrichtigen Bedauerns! An was denkt dieses Kind, welche unerfüllten Träume erfüllen dieses junge Herz, was geht in diesem Kopf voller Trauer um den verbannten Vater vor...? Ich sehe dich da allein in dem leeren, verlassenen Haus, wie du auf die Stunde wartest, da man dich abholen wird, würdige Schwester von Léopoldine, eine Schönheit, die die Gedichte und die Schriftsteller der Zeit mit solchem Stolz besungen haben! Und alle scheinen sie zu sagen, wenn sie diese bezaubernde, resignierte Schönheit sehen... »Da ist das schönste Gedicht des Jahrhunderts.« Ernsthaftes Kind, das inmitten solcher Pracht lieber die Stille sucht als all diesen Lärm, soviel Mut, ein großes Herz... Stoisch und ohne eine Träne zu vergießen, hat sie das Unheil dieses Tages erlebt... Still, regungslos und ruhig wartet sie am offenen Fenster.[28]

Am 15. Juli nahm Adèle endlich Abschied von Paris und verbrachte erst einmal mit ihrer Mutter und Auguste Vacquerie (der am 8. Mai aus dem Gefängnis entlassen worden war) zehn Tage in Villequier, der Heimatstadt Vacqueries. Von da aus reisten sie nach Southampton und schifften sich schließlich am letzten Julitag nach Jersey ein. Adèle schrieb: »Um 10 Uhr 30 abends verließen wir Southampton. Wir fuhren an einem herrlich stillen Abend, der wenig dem vorhergehenden Abend glich, auf der *Royal Mail.* Ich ging in meine Kabine, um zu schlafen.«

Am nächsten Morgen erhob Adèle sich früh. »Ich bin aufgewacht und ging zur Brücke hinauf. Das Meer war glatt wie ein Spiegel. Viele Felsen, und noch mehr Felsen, sonst ist nichts zu sehen. Wir fuhren an Guernsey vorbei. Der Hafen von St-Pierre liegt in einem Amphitheater aus Häusern, die nahe am Meer liegen. Felsen und noch mehr Felsen, und dann in der Ferne die Küsten von dem, was sich Jersey nennt.«[29]

Eine Prinzessin im Turm

Jersey, 1852–1854

> Die Insel Jersey … ist ein Blumenstrauß, der in den Ozean getaucht ist, ein Strauß, der Rosenduft und die Bitternis der Wellen verströmt.
>
> *Adèle Hugo*[1]

Die Kapuze ihres schwarzen Reisemantels tief über die Stirn gezogen und sich an Mutters Arm klammernd, stieg die leicht seekranke Adèle Hugo vom Königlichen Post- und Paketschiff und betrat die kleine englische Kanalinsel, die während der nächsten Jahre ihre Heimat werden sollte. Sie erreichten am 31. Juli 1852, drei Tage nach Adèles zweiundzwanzigstem Geburtstag, St. Helier, die winzige Hauptstadt von Jersey. »Wir kamen in Jersey an«, schrieb sie. »Mutter wurde kaum erkannt, aber was soll's! Wir sind unter Engländern. Wir beginnen unser Exil, genau wie wir ein Jahr zuvor unsere Gefangenschaft mit meinen beiden Brüder begannen.«[2]

Die beiden Frauen bezogen das Hôtel de la Pomme d'Or, während sie auf die Ankunft ihres Patriarchen warteten. Am 2. August, offenbar schon nach zwei Tagen von der Routine genervt, notierte Adèle knapp:

> Wir warten auf meinen Vater. Wir sind nach St. Aubin gefahren und haben nach einer Wohnung gesucht. Es gibt nur wenige. Es ist schon alles besetzt. Eine ziemlich unverschämte Engländerin hat uns die Tür vor der Nase zugeschlagen. Wir warten auf meinen Vater. M. Auguste und Mutter sind zur Anlegestelle gegangen.[3]

Am 3. August verkündete die *Jersey Times* die Ankunft von »Madame und Mademoiselle Hugo, Mutter und Tochter des gleichnamigen berühmten Dichters, der jeden Tag erwartet wird.« Am 4. August erschien der große Mann selbst. Adèle schrieb:

> Mein Vater ist endlich heute mittag um 12 Uhr 30 angekommen. Ich habe ihn seit dem 3. Dezember 1851 nicht mehr gesehen. Ich hätte es nicht geglaubt, wenn mir jemand gesagt hätte: »Du wirst deinen Vater am 3. Dezember 1851 in der rue de la Tour d'Auvergne in Paris verlassen; du wirst ihn erst am 5. August 1852 auf der Insel Jersey wiedersehen, an Bord eines Schiffes.« Genauso ist es jedoch geschehen. An der Anlegestelle wartete eine große Menge von Einheimischen, Engländern und französischen Verbannten. Mein Vater umarmte mich und wendete sich dann den französischen Verbannten um sich herum zu. Danach gingen wir ins Hôtel.[4]

Ihr Vater, berichtete Adèle, wurde spielend mit diesen überschwenglichen Wohlwollensbezeugungen fertig und übernahm sofort die Führungsrolle bei den Verfolgten. »Eine weitere Ovation der Verbannten. Mein Vater hielt eine bewegende Rede über Gleichheit und die große Hoffnung, daß sie eines Tages siegen würden...Zusammen mit meinem Vater riefen sie zweimal: »Vive la République!«[5] Einer königlichen Hoheit hätte kaum ein besserer Empfang zuteil werden können.

Die Familie blieb bis zum 16. August im Hôtel de la Pomme d'Or, bis schließlich beschlossen wurde, daß sie in Marine Terrace wohnen würden, das fünfhundert Meter von St. Helier entfernt war. Das Haus war nicht Hugos erste Wahl gewesen, und es hatte sich, wie Adèle erzählt, wegen der Frage, wo sie wohnen würden, ein »großer Kampf« abgespielt. Das neue Heim war geräumig aber schmucklos und bestand aus einer Doppelhaushälfte mit eigenem Garten. Der Teil, den die Hugos bewohnten, war in einem einfachen englischen Stil eingerichtet. Im Parterre lag der Wintergarten zum Garten hin und ein Zimmer, in dem ein Atelier für Amateurphotographie eingerichtet wurde. Außerdem gab es eine Küche, Quartiere für das Personal und einen Salon. Im ersten Stock waren die Schlafzimmer von Madame Hugo und Adèle, ein Gästezimmer und ein Eßzimmer, im zweiten Stock die Schlafzimmer von Charles und François-Victor und das von Hugo, das aufs Meer in Richtung der französischen Küste hinausging.[6]

Bald versammelten die Hugos ihre merkwürdige Großfamilie um sich. Juliette Drouet, Hugos Geliebte, mietete ein Haus in diskreter Entfernung. Die konservativen Jerseybewohner hielten diesen Schritt für moralisch verwerflich und runzelten die Stirn. Aber Juliette hatte wirklich keine Wahl gehabt. Sie war, wie die ganze Familie, auf Hugos Drängen hin gekommen, um während des Exils bei ihm zu sein. Auch Charles Hugos Geliebte war ihm ins Exil gefolgt. Es war Augustine Allix, deren Bruder Jules im Jahre 1853 ebenfalls auftauchte, nachdem er selbst verbannt worden war. Und Auguste Vacquerie, Adèles erster Liebhaber, hatte sich gleich im Juli mit Adèle und ihrer Mutter einquartiert. In der *Jersey Times* wurde er als bekannter Schriftsteller und früherer Herausgeber des *Événement* beschrieben. Er lebte bei den Hugos in Marine Terrace.

In den ersten Monaten ihrer Tagebucheintragungen aus dem Exil betonte Adèle immer wieder, wie glücklich die Familie war, wiedervereint zu sein. Sie erzählte in aller oft schrulligen Ausführlichkeit von den Vorkommnissen im Haushalt der Familie Hugo, den politischen Ansichten ihres Vaters und was sie über einige der wichtigsten Männer und Frauen des geistigen Lebens dachte. Ihr Zugang ist erfrischend und voller Einsichten, und das Tagebuch ist mit witzigen Zeichnungen vieler Hausgäste übersät. Dieses Tagebuch, das für die Augen anderer bestimmt war, steht im krassen Gegensatz zu den kryptischen, verschlüsselten Eintragungen in ihrem geheimen, persönlichen Tagebuch, das ein verwirrtes, einsames und oft seinen inneren Dämonen ausgeliefertes Mädchen enthüllt.

Aber der tüchtige Victor Hugo nahm weder den unglücklichen Zustand seiner Tochter noch den kräftigen Seewind, der vom Strand heraufblies, zur Kenntnis. Er stürzte sich in sein neues Leben, unternahm ausgedehnte Spaziergänge und schwamm täglich im Meer. Hugo fühlte sich besonders geschmeichelt durch die französischen Verbannten, die in großer Zahl ihren Besuch abstatteten, um ihn über Wirtschaft, Politik und allgemeine Fragen des Lebens reden zu hören. Bei ihrem ersten Familienausflug, einem Abend im Theater des Ortes, überließ man ihnen die Ehrenplätze in der Gouverneursloge. Auf Adèle machte das »kleine, schlecht beleuchtete« Theater wenig Eindruck, und das Stück in englischer Sprache erwies sich als mittelmäßig, aber die Familie – besonders Hugo – genoß die Aufmerksamkeit, die das Publikum ihnen entgegenbrachte.

Da sich Hugo der Gefahren des Müßiggangs bewußt war, bestand er darauf, daß jeder sich vorwiegend mit einer konstruktiven Arbeit befaßte, genau wie er selbst. Also stürzte sich die Familie ins Exilleben, hatte täglich ihre Lese- und Schreib- und Disputierzeiten. François-Victor kam am 22. September an; er stellte sich die erstaunliche Aufgabe, die gesamten Werke Shakespeares ins Französische zu übersetzen. Charles schrieb ein Buch und versuchte sich in der Photographie. Auch Madame Hugo griff zur Feder. Sie war die geeignetste Expertin für ihr Thema, das nämlich ihr berühmter Ehemann war, aber ihr Buch *Victor Hugo, raconté par un témoin de sa vie* (»Victor Hugo, erzählt von einer Zeugin seines Lebens«) wurde erst lange nach ihrem Tod im Jahre 1911 veröffentlicht.

Adèle Hugo

Adèle tat alles, um es ihren geschäftigen Verwandten gleichzutun. Sie begann, ein Buch über die Emanzipation der Frau zu schreiben, vielleicht sollte es eine Hommage an George Sand sein, vielleicht war es aber die Kompensation für ihren eigenen Mangel an Freiheit. Sie beteuerte, daß es sich um ein ernstes Werk handelte, »über das in hundert Jahren niemand lachen wird«. Die Idee war kühn, und vielleicht sah sie darin die einzige Möglichkeit, dem Vater einen indirekten Vorwurf wegen der Einschränkungen zu machen, denen sie unterworfen war. Schreiben war für die Mitglieder des Hugo-Clans etwas Selbstverständliches, und Adèle wurde keinesfalls davon abgehalten, diese Begabung, die sie alle hatten, auch zu nutzen. Aber offenbar wollte sie ihr Geld mit Schreiben verdienen, was für eine Frau undenkbar war; denn eine Frau war nur zum Heiraten und Kindergebären berufen.

Schreiben war im besten Falle eine unsichere Existenz, und es war zweifellos ein schwieriger Weg für Frauen. In den Vereinigten Staaten, wo Schriftstellerinnen kein Stigma anhaftete, verdienten sie meist weniger als ihre männlichen Kollegen, und man erwartete von ihnen, gleichzeitig anstrengende Haushalts- und Mutterpflichten zu erfüllen. Die einzige Beschäftigung, die eine guterzogene junge Dame wie Adèle vielleicht anstreben konnte, war der Beruf einer Hauslehrerin, aber auch nur, wenn sie unverheiratet blieb und in einer finanziellen Notlage war. Im Jahre 1852 bemerkte Alice B. Neal in ihrem Artikel »American Female Authorship«, der in dem beliebten *Godey's Ladies Book* erschienen war: »Das Gehalt mancher Hauslehrerinnen entspricht dem höchsten Einkommen – wenn es dies nicht gar übertrifft –, das unserer Kenntnis nach eine amerikanische Autorin jemals erhalten hat.« Selbst in Amerika wurde der Wunsch einer Frau wie Adèle, eine literarische Laufbahn einzuschlagen, als verabscheuenswert und unweiblich betrachtet. »Wir sprechen hier nicht von literarischem Ehrgeiz«, fährt Neal fort, »weil wir ihn nicht als ein würdiges Motiv anerkennen. Es riecht zu sehr nach Eitelkeit, und was dabei herauskommt, ist nur allzuoft eine aufgewühlte Seele.«[7]

Adèle hatte andere Enttäuschungen, die ihre »Seele aufwühlen« konnten. Sie war als einziges Familienmitglied musikalisch begabt. Mit zweiundzwanzig Jahren, als sie viele Stunden des Tages dem Schreiben und der Musik widmete, entdeckte Adèle in sich die Komponistin. Auguste Vacquerie schrieb über Adèles abendliches Vorspielen im Kreise der Familie:

> Wir erleben die nettesten Abende. Wenn wir hart gearbeitet haben, belohnt uns Mademoiselle Hugo mit ihrem Klavierspiel, und wir hören, welche Melodien sie komponiert hat. Bezaubernde, originelle Musik, die sie ganz allein geschaffen hat, weit entfernt von der Oper, weit entfernt vom Konservatorium, und sie strömt spontan aus ihrem Wesen und ihrem Herzen … Ein großer Musiker, den nie jemand gesehen hat, teilt sich ihr mit durch die Blumen, die Wellen, die Eichen … Sie lauscht diesen Konzerten, diese Tochter des Dichters. Sie hört die Instrumente und die Stimmen. Sie sucht die Geräusche und die Laute und mischt sie mit ihrer Seele, ihrem Schicksal und ihrem verlorenen Heimatland … und aus der Natur und ihrem Leben schafft sie tiefsinnige Musik, frei, wirklich, traurig und glücklich.[8]

Im Jahre 1856 konnte die Guernseyer Zeitung *Comet* berichten, daß Adèles Vertonung von *Nuits de juin*, eines Gedichtes ihres Vaters, auf dem Programm für ein öffentliches Konzert stand. Adèle verfolgte auch Pläne, ihre Kompositionen bei einem belgischen Verlag zu veröffentlichen.

Vielleicht war Adèles Talent durch die vielen Musiker gefördert worden, mit denen Hugo lange verbunden war; sie besuchten ihn im Exil und brachten neue Musiker mit. Aber Adèles musikalische Begabung stammte sicherlich nicht von Hugo. Obwohl er das Talent seines Freundes Franz Liszt bewunderte, beschrieb er sein Instrument als »abscheulich«; in einem Brief an Théophile Gautier vom 17. April 1852 klagte Hugo: »Du weißt, daß ich das Klavier hasse«, dieses »hölzerne Biest«[9]. Vielleicht trug Adèles ständiges Üben zusammen mit seiner nicht gerade überschwenglichen Zuneigung dazu bei, daß ihm dieses Instrument zuwider war und er das große Talent seiner Tochter nicht schätzen konnte.

Für Adèle bestand keine finanzielle Notwendigkeit, den eigenen Lebensunterhalt zu verdienen, und künstlerischer Ehrgeiz um seiner selbst willen wurde für nichtig gehalten; ihre Familie tolerierte und förderte ihren Wunsch zu schreiben und zu komponieren so lange sie nicht verheiratet war. Sie erinnerten sie ständig daran, daß es ihre erste und einzige Pflicht sei, zu heiraten und Kinder zu gebären, und um dieser Aufgabe gerecht zu werden, müsse sie ihre übrigen Interessen aufgeben. Für sie war diese Vorstellung abstoßend, denn sie hatte weder Interesse daran, noch beherrschte sie irgendwelche anderen »weiblichen Künste«. Sie spielte lieber Klavier oder vertonte die Gedichte ihres Vaters, als am Stickzeug zu arbeiten. Die Familie hatte immer einen Schwarm Bedienstete für die alltäglichen Hausarbeiten, und wenn man von Adèle vielleicht auch erwartete, daß sie eines Tages ihren eigenen Haushalt führte, so schien dieser Tag doch weit entfernt zu sein. Wie man eine Mahlzeit kochte, war ihr ein vollständiges Rätsel.

Trotz der Beschäftigung mit Schreiben und Komponieren erwiesen sich Adèles anfängliche Erwartungen von ihrem Leben als Verbannte nicht nur als naiv, sondern als völlig haltlos. Als die Wochen in immer gleichem Trott vergingen, schwand Adèles Begeisterung für das Leben im Exil. »Die Atmosphäre auf Jersey«, schrieb sie, »war alles in allem unerträglich. Auf der Insel gab es dreihundert Verbannte, Extremisten, die vor Untätigkeit und Heimweh vergingen und vor ungenutzter Kraft platzten.«[10]

Doch bewahrte sich Adèle den Glauben an die Zukunft. Ihr Vater versuchte, sie davon zu überzeugen, daß sie das Leben so akzeptieren müsse, wie es war. »Das Mögliche ist möglich, und das Unmögliche ist unmöglich«, sagte er ihr. »Alles, was bis jetzt entdeckt worden ist, entspringt aus menschlichen Eigenschaften und steht nicht im Gegensatz zur Natur, aber das, was du glaubst, ist gegen alle Naturgesetze und wirft sie über den Haufen.«

Sie antwortete: »Heißt es nicht auch, daß man über die Druckmaschinen erstaunt war, daß Elektrizität, Dampf, Chloroform, die Daguerreotypie und sogar Seancen wider die Natur seien…? Du glaubst an den Fortschritt innerhalb der Grenzen des Möglichen, aber ich glaube sogar an die Grenzen des Unmöglichen. Ich bin überzeugt, daß es dem Menschen möglich sein wird, Engel zu werden, und daß es menschlich sein wird, übermenschlich zu sein.«[11]

Adèle fühlte sich besonders eingeschränkt und unterdrückt, weil ihr klar wurde, wie sehr ihr Geschlecht und nicht ihr Talent das größte Hindernis für ihren künstlerischen Erfolg darstellte. Mit diesem Problem sahen sich ihre Brüder und andere Männer um sie herum, wie z. B. Vacquerie, nie konfrontiert. Sie entwickelte dieser ungezwungenen Freiheit gegenüber einen tiefen Groll. Adèle hatte immer ein künstlerisches, ja melancholisches Temperament gehabt, aber da sich auf Jersey ein langweiliger Monat an den anderen reihte, zog sie sich immer mehr zurück, träumte stundenlang allein in ihrem Zimmer vor sich hin und vertraute sich nur ihrem geheimen Tagebuch an. »Es ist schwierig«, klagte François-Victor, »mit Lord Spleen (seinem Vater) und Lady Nostalgia (Adèle) zusammenzuleben.«[12]

Adèles emotionale Schwierigkeiten verstärkten sich noch, da ihre Familie darauf bestand, sie wie ein leichtfertiges Mädchen zu behandeln. Die Grenzen ihrer Freiheit waren scharf umrissen, nicht nur durch die Anordnung der Familie, sondern durch gesellschaftliche Konventionen. Ihre Hauptfessel war ihr Vater. Hugo, der den Vorfall zwischen seiner Frau und Sainte-Beuve nicht vergessen konnte, schien entschlossen, daß ihn seine einzige ihm verbliebene Tochter nicht genauso verraten sollte. Entweder hatte er nicht mitbekommen, daß Adèle schon mindestens zwei Liebesaffären hinter sich hatte, oder er hatte beschlossen, dafür zu sorgen, daß sie nie wieder sündigen würde. Als festen Verbündeten hatte er die jahrhundertealte französische Sitte, die Unverheirateten oder Frauen unter fünfundzwanzig Jahren, dem Alter der Volljährigkeit, verbot, in der Öffentlichkeit ohne Begleitung zu erscheinen. Auch fand Adèle wenig Sympathie bei anderen Familienmitgliedern. Statt seiner Schwester zur Hilfe zu kommen, sagte Bruder Charles ihr unverblümt, daß die Ehe der einzige Weg sei, sich von der väterlichen Herrschaft zu befreien. Obwohl die Familie nicht mehr auf französischem Boden lebte, hielt sie beharrlich an den französischen Anstandsregeln fest.

Die Verbote schüchterten Adèle nicht völlig ein. Wenn sie auch einst bis zur Unterwürfigkeit gehorsam gewesen war, zeigte sich nun eine neue Adèle. Sie forderte ihre Eltern heraus, indem sie allein ausging und sich hartnäckig weigerte zu heiraten. Nach französischem Gesetz wäre Hugo völlig im Recht gewesen, bei einer derartigen Rebellion seine Tochter einen Monat lang in ihrem Zimmer einzusperren, aber er tat es nicht. Doch hielt sein Langmut Adèle nicht davon ab, bitter zu klagen, wie sehr sie sich als ein Stück väterliches Eigentum fühlte und daß wiederholter Ungehorsam zu schlimmen Züchtigungen führte. Hugo ging so weit, daß er zensierte, was Adèle las; selbst Werke seiner Kollegen waren nicht sicher, besonders die Romane Alexandre Dumas', eines guten Freundes des Familie und Adèle wohl bekannt. S. P. Oliver, ein Engländer, der auf Guernsey wohnte und eine Zeitlang Hugos Nachbar war, bemerkte:

Eines Tages wurde bei Tisch das Thema ›Erziehung der Damen‹ diskutiert, anläßlich einer Reihe von Vorträgen, die von einem jungen Professor (bei Tische anwesend) vor den jungen Damen von Guernsey gehalten wurden. An einige der Anwesenden gerichtet, die sich gegen die übertriebene Neigung junger Mädchen, Romane zu lesen, aussprachen, entgegnete Victor Hugo mit einer meisterlichen Verteidigung der Romanschriftsteller, von Homer bis zu Dante und Cervantes, zugleich fand er es für junge Mädchen von Übel, wenn ihnen erlaubt wurde, gewisse Werke von Dumas und Paul de Kock zu lesen.[13]

Es wurde Adèle klar gemacht, daß ihre Situation ganz anders aussähe, wenn sie nur heiraten würde. Auguste Vacquerie war die erste Wahl der Familie. Einer der Gründe war zweifellos die immer noch große Trauer um Léopoldine und ihren geliebten Ehemann Charles, Augustes Bruder. Vacquerie war ihr weiterhin sehr zugetan, und er hatte fortschrittliche Vorstellungen von der Gleichheit der Geschlechter. Er wußte, wie sehr Adèle nach persönlicher Freiheit drängte, und unterstützte dies. Jahrelang war er ihr *de facto* Verlobter, doch hatte sie es bisher abgelehnt, den schicksalschweren Schritt in die Ehe zu wagen.

Adèles Leidenschaft für Vacquerie war seit langem vorbei, aber das hätte an sich nicht von großer Bedeutung sein müssen; Liebe und Ehe gingen in der französischen Oberschicht selten zusammen. Adèle begriff auch, daß ihr Bruder Charles recht hatte: Eine Heirat würde ihr ein gewisses Maß an Selbständigkeit gegenüber ihrem dominierenden Vater bringen. Aber sie wußte auch, nur mit einem verständnisvollen Mann würde ihre Situation sich verändern.

Die Hugos dachten wie die meisten französischen Familien ihres Standes, daß für Frauen jegliche Freiheit außerhalb der Ehe und des familiären Zuhauses gefährlich war. Gefahr drohte auch von alleinstehenden Frauen. Die mittelalterliche Ansicht, Mädchen möglichst früh zu verheiraten, war noch immer gang und gäbe. Das heiratsfähige Alter für französische Mädchen lag zwischen fünfzehn und zwanzig Jahren. Mit ungefähr fünfzehn Jahren begannen sie die ersten Bälle zu besuchen, und man erwartete von ihnen, daß sie sich innerhalb eines, höchstens nach zwei Jahren, verlobten. Ein Mädchen, das zu lange zu Hause herumhing, verlor an Marktwert, und man argwöhnte, daß irgend etwas mit ihm nicht stimmte. Je länger sie unverheiratet blieb, um so größer war das Risiko des Verlustes ihres höchsten Gutes – ihre Unschuld.

Deshalb wurden die Ratschläge der Familie Hugo mit einer gewissen Dringlichkeit vorgebracht. Adèle lief schon Gefahr, eine alte Jungfer zu werden, eine Peinlichkeit für die Familie, und Peinlichkeiten konnte Victor Hugo nicht ertragen. Er versprach Adèle eine großzügige Mitgift, die, wie er ihr sagte, sie hoffentlich »heiratbar« machte. Adèle fand seine Bemerkungen geschmacklos, und sie antwortete darauf mit der Behauptung, die Ehe sei »eine demütigende Angelegenheit für eine Frau«, eine reine Eigentumsübertragung vom Familienvater auf den Ehemann. Sie fügte hinzu, gleichsam als wollte sie dem berühmten Stolz des Vaters Genüge tun, daß sie um alles in der Welt nicht entbehren wollte, »Mademoiselle Hugo« genannt zu werden.[14]

Als die Tochter in die Mittzwanziger kam, ohne eine ernsthafte Neigung zum Heiraten zu zeigen, waren die Hugos sehr beunruhigt; sie fürchteten nicht nur, daß sie keine gute Partie machen, sondern auch, daß sie zunehmend unglücklicher würde. Anwärter, die diskret von Hugo ermutigt wurden, machten ihre Aufwartung; zwischen 1852 und 1863 erhielt Adèle von den erlesensten Junggesellen des Kontinents fünf Heiratsanträge. Sie lehnte alle ab. Unterdessen blieb der abgewiesene Vacquerie im Hause und war sehr in Adèle verliebt.

Während Adèle eine Gefangene der Monotonie auf Jersey und der strengen Regeln war, die man ihr auferlegt hatte, verstärkte sich ihr neurotisches Verhalten. In ihrem geheimen Tagebuch begann sie ihre eigene Schönheit und ihre Leistungen übertrieben zu loben, und auch der beunruhigende Traum, den sie 1846 in Paris gehabt hatte, verfolgte sie von neuem. Adèle erwähnte am 27. Dezember 1852 zum ersten Mal einen nicht näher beschriebenen Engländer, obwohl sie ihn noch nicht als den geheimnisvollen Mann ihres prophetischen Traums erkannte. In Wirklichkeit zeigte sie wenig Interesse an Albert Andrew Pinson, denn er tauchte nur im Zusammenhang mit einer anderen Liaison auf. Zwei Tage nach Weihnachten war Adèle zum Nachbarhaus gegangen unter dem Vorwand, vom Vermieter der Hugos, Monsieur Rose, ein Boot auszuleihen. Der Vermieter war nicht zu Hause, wie sie genau wußte, aber sein Sohn, den sie nur als J… Rose identifiziert. Adèle wußte, daß der junge Mann sie sehr anziehend fand; offensichtlich beruhte das Gefühl auf Gegenseitigkeit. »Ich ging wieder hin; ich redete über bedeutungslose Dinge. Ich war hinreißend, aufregend; ich trug einen Tüllschleier, der mich unvergleichlich machte. Ich loderte.«[15]

Adèle war immer wieder als schöne junge Frau bezeichnet worden, doch dieses extreme Eigenlob war schon eine etwas seltsame Art für die normalerweise bescheidene Adèle, sich selbst zu beschreiben. Die Zeichen von Größenwahn (später behauptete sie, sie habe alle in jener Zeit beliebten Opern Europas selbst komponiert) sind ein Symptom für eine schwere manische Depression oder Schizophrenie, und diese Tagebucheintragungen geben wohl Zeugnis von Adèles Geisteskrankheit. Ihr Vater gab sich derselben Prahlsucht hin, aber er hatte ihr gesündere Eigenschaften entgegenzusetzen. Im Gegensatz zu ihm unternahm Adèle nie irgendwelche konkreten Schritte, um das zu beweisen, was sie für ihre Überlegenheit hielt.

An jenem Dezembertag kamen J… Rose und Adèle überein, sich gegenseitig etwas vorzulesen unter dem Vorwand, er wolle ihr Englisch beibringen und sie ihm Französisch. Rose wählte für sich eine englische Version der Memoiren von Jean-Jacques Casanova de Seingalt, besser als »Casanova« bekannt, und er suchte für Adèles Unterweisung die unzüchtigen Beschreibungen der Liebesspiele eines jungen Paares in ihrer Hochzeitsnacht. Adèle gab vor, diese Passagen schockierend zu finden, aber sie setzte ihrem gegenseitigen Bekehrung kein Ende. Als sie schließlich aufhörten, einander vorzulesen, wurde Rose sogar noch kühner. »Da die Unterrichtsstunde vorüber ist, sagte er zu mir, Mademoiselle, küssen Sie mich, ich versichere Ihnen, daß ich nicht den geringsten Widerstand leisten werde. Fangen Sie mit mir an, hören Sie mit P… auf.«[16]

Rose und seine Brüder hatten Monsieur P… oft erwähnt. »Sie sagen, er sei in mich verliebt«, notierte Adèle unbeeindruckt. Als Adèle am nächsten Tag, dem 28. Dezember, zum Haus der Roses zurückkehrte, drängte Rose sie, einen Augenblick zu warten, sie würde bestimmt noch P… treffen. »Nein, ich kann nicht, ich muß nach Hause zum Essen«, antwortete Adèle kalt[17], und bekundete damit wenig Interesse an dem schneidigen, dem Ruf nach abenteuerfreudigen, jungen Mann. Obwohl Adèle dieses Mal hastig nach Hause drängte, gelang es Rose, sie zur Tür zu begleiten und sie zu küssen. Seine Kühnheit stieß sie keineswegs ab, und Adèle gestand später in ihrem Tagebuch, daß es ihr Spaß gemacht hatte.

Rose versprach, Pinson zu einem Besuch bei Adèle am folgenden Mittwoch mitzubringen. Aber das Treffen fand nie statt. Adèle begriff schnell, daß sie in ihren Zärtlichkeiten mit dem liebestollen Rose zu weit gegangen war; er würde sie vielleicht jetzt als Geliebte und sogar als Ehefrau begehren. Sie hatte nicht genügend Interesse an ihm, um das eine oder das andere zu werden, und beschloß, ihn nicht wiederzusehen. Bald darauf mußte

Rose das Bett hüten, was sicherlich teilweise auf ihre abweisende Haltung zurückzuführen war. Am 17. Januar 1853 schrieb Adèle in ihr Tagebuch, daß der junge Mann ernsthaft erkrankt sei (wahrscheinlich an der damals grassierenden Tuberkulose) und sich nach einem Besuch von ihr sehnte. Da Adèle argwöhnte, er wolle ihr Mitgefühl ausnutzen, weigerte sie sich, zu ihm zu gehen, und sah ihn nie wieder – er starb am 6. Juli 1853.

Es sollten zwei Jahre vergehen, bis Adèle und Albert Andrew Pinson einander endlich begegneten, und bis dahin würden Pinsons Umstände sich beträchtlich verändert haben.

Am 2. April 1853 geschah etwas Seltsames, das erste in einer Reihe von ungewöhnlichen Ereignissen. »Es war neun Uhr abends«, schrieb Adèle:

> Wir wollten gerade essen. Die Nacht war schon hereingebrochen. Plötzlich öffnete sich die Salontür, und Victor Hugo sah eine große Frau eintreten, blaß und blond, nur in dem schwachen Schein des Kaminfeuers erkennbar. Diese große Frau ging singend auf ihn zu und sagte zu ihm: »Monsieur Hugo! Monsieur Hugo!«, setzte sich dann ans Klavier und sang erneut: »Frankreich! Armes Frankreich!«[18]

Die Frau, die eine Engländerin war, bat dann darum, mit der Familie zu Abend essen zu dürfen. Hugo, der Erfahrung im Umgang mit Geistesgestörten hatte, erklärte sich in aller Ruhe einverstanden und begleitete sie ins Eßzimmer. Kurze Zeit später kam ein Arzt und nahm sie mit. Die englische Dame war ein Gast ihres Nachbarn und Vermieters Mr. Rose. Plötzlich hatte sich die Frau mitten in einem ruhigen Gespräch erhoben und verkündet, sie gehe jetzt Victor Hugo besuchen. »Und bevor irgend jemand sie aufhalten konnte, sprang sie auf und war in Sekundenschnelle aus der Tür heraus.«[19]

Die merkwürdigen Vorfälle waren mit der verrückten Dame

nicht zu Ende. Adèle konnte nicht umhin, die unglaublichen Geschichten zu hören, die von den Inselbewohnern verbreitet wurden. Einige behaupteten, ihnen sei der Teufel erschienen, und sie bewaffneten sich mit Kreuzen, um sich zu schützen. Andere erklärten, sie hätten die Jungfrau Maria gesehen, und bauten eine Kapelle. Marine Terrace hatte seinen eigenen Dämon oder Schutzengel, der als die »Weiße Frau« bekannt war. Um sie zu hervorzulocken, schrieb Adèle, mußte man ans Ende der Terrace gehen, wo auf der Mauer, die die Häuser vom Meer trennte, ein großes schwarzes Kreuz stand:

> Vor drei Monaten kam eines Abends ein junger Arbeiter nach Hause. Er ging an der Saint-Luc-Kirche vorbei, die in der Nähe von Marine Terrace steht. Plötzlich sah er am Ende der Straße eine Gestalt, weiß und regungslos … Erschrocken wagte der Arbeiter weder vorwärts noch rückwärts zu gehen. Wäre er weitergegangen, dann hätte er die Erscheinung beleidigt, wäre er rückwärts gegangen, käme es einer Aufforderung gleich, ihm zu folgen. Aber dort zu bleiben, wo er war, wäre unmöglich gewesen … Der Arbeiter beschloß schließlich, einfach weiterzugehen, und während er verstört davoneilte, schloß er die Augen, und die Haare standen ihm zu Berge, als er angsterfüllt an dem Gespenst vorbeistürmte.[20]

Adèle genoß diese insularen Geistergeschichten; sie paßten zu ihren eigenen makabren Neigungen, besonders ihrer Fixierung auf Léopoldine. Sie hätte auch die Präsenz ihrer toten Schwester kaum übersehen können. Im ganzen Haus waren Porträts des toten Mädchens verteilt. Im Zimmer von Madame Hugo wurden Kleidungsfetzen und Haarlocken aufbewahrt. Adèle hatte den Eindruck, daß nur ihr eigener Tod sie auf dasselbe Podest wie Léopoldine heben konnte. Sie träumte sogar davon, in einer ähnlichen Tragödie mit Auguste zusammen zu sterben. »Warum nicht sterben, außergewöhnliche Frau, junge, schöne, gut erzogene, bedeutende, liebevolle, würdige Tochter von Victor Hugo?« klagte sie. »Als würdige Frau mit einem außergewöhnlichen Mann sterben, der wegen seines Verstandes und Wesens so bedeutend und einzigartig ist?«[21]

In Marine Terrace spürte Adèle ständig die drückende Gegenwart von Auguste Vacquerie, die sie belastete. Fast täglich machte er ihr unkontrollierte Eifersuchtsszenen und überwachte jeden ihrer Schritte. Das einzige, was sie noch verband, war der tragische Tod seines Bruders und ihrer Schwester, und sobald sie in seiner Nähe war, senkte sich eine Wolke der Melancholie auf sie herab. Selbst wenn sie nicht zusammen waren, packte sie oft tiefste Verzweiflung. Sie sehnte sich danach, ganz ihr eigenes Leben zu leben und ihre Liebe mit jemandem zu teilen, der die Leidenschaft in ihr weckte, so wie es bei ihrer Schwester gewesen war. Adèle konnte in der Tat ihre psychische Anspannung nicht mehr verbergen. Sie war kindisch unvernünftig und störrisch geworden; ihre Trotzausbrüche setzten sich fort, und es gab weiterhin Zeiten, in denen sie sich ganz entzog.

Eines Abends brachte Charles Adèles Gefühle treffend zum Ausdruck: »Ich werde Jersey nicht nachtrauern«, platzte er heraus. »Es wird mir nicht leid tun, Jersey zu verlassen. Es wird mir nicht mehr leid tun, Jersey zu verlassen, als es mir leid tat, die Concièrgerie zu verlassen. Es ist ein Fehler zu glauben, daß man sich nach den traurigen Momenten im Leben und dorthin zurücksehnt, wo man gelitten hat.«

Aber Victor Hugo konnte der Ansicht seines ältesten Sohnes und freimütigsten Kindes nicht beipflichten. Charles hatte einfach nur die gut gehütete Meinung der übrigen Familie in Worte gefaßt. Aber Hugo, der den geeigneten Ort gefunden hatte, um ungehemmt schreiben zu können, schwärmte von den Vorzügen der Insel. »Du irrst«, sagte er zu Charles. »Ich empfinde es als notwendig, sich zu sehnen und die Sehnsucht zu kennen. Ich werde liebevoll auf dieses Haus, die Terrace, zurückblicken. Ich werde das angenehme Leben hier, die unendliche Freiheit nicht vergessen. Hier fühlt man sich frei. Und die Krönung von allem ist das Meer und der Himmel.«

Charles wollte nichts davon hören. »Vielleicht bedeutet Jersey Freiheit«, erwiderte er, »aber es bedeutet auch Untätigkeit. Ich, ich muß Barrikaden bauen, mit Gewehren schießen, nach Spanien fahren, für Lärm und Aufruhr sorgen. Ich mag dieses Leben auf Jersey nicht; es ist zu still. Das Leben ist nutzlos, wenn man es nicht ausnutzt.«[22]

Vor Adèle gähnte der Abgrund, sie fühlte sich nutzlos, sie war verzweifelt.

Die Lebenden und die Toten

Jersey, 1854

Jersey ist eine Insel voller Legenden.
Es gibt keinen Felsen, keine alte Ruine, die nicht von Geistern heimgesucht wird.

Adèle Hugo[1]

Anfang Juni 1854 war Adèle mehr als überrascht, einen gutaussehenden jungen Mann am Eßtisch vorzufinden, einen elegant gekleideten Engländer mit blondem Haar und feinen Gesichtszügen. Seine blauen Augen und sein schiefes Lächeln entzückten sie, und sie entdeckte voller Freude, daß er fließend Französisch sprach. Erst als ihr Albert Andrew Pinson vorgestellt wurde, merkte sie, daß er derselbe junge Mann war, von dem ihr vorheriger Nachbar und Möchtegern-Freier J... Rose so häufig gesprochen hatte und der ihr in ihrem prophetischen Traum erschienen war. Sie fand ihn genauso aufregend, wie der Traum (und J... Rose) es versprochen hatte. Ihre erste Begegnung hatte eigentlich – ohne Adèles Wissen – schon in der Nähe des windgepeitschten Strandes stattgefunden, dort, wo Adèle erst kürzlich verzweifelt gesessen und alle Hoffnung aufgegeben hatte, jemals Liebe und Glück zu finden. »Er hat mich zum erstenmal auf einer Bank auf der Terrace von Jersey gesehen«, vertraute sie ihrem privaten Tagebuch an. »Ich setzte mich hin und las; ich war in mein Buch vertieft und sah ihn nicht. Aber er sah mich, und seit jenem Tag... liebte er mich.«[2]

Jener Abend veränderte Adèles Leben für immer. »Reményi (ein Geiger, der häufig als der ›ungarische Paganini‹ bezeichnet wurde) spielte«, schrieb sie. »Pinson stand hinten im Raum. Sein feines und anmutiges Gesicht erschien mir durch den Zigarrenrauch so lieblich. In diesem Augenblick fiel mir ein, wie ich acht Jahre zuvor 1846 an der Place Royale, wohl im Oktober desselben Jahres, Auguste geliebt hatte. Ich dachte an nichts anderes.« Doch dann hatte sie den unheimlichen Traum von dem Engländer gehabt – Pinson –, der ihr Liebhaber werden würde. »Albert hat acht Jahre gebraucht, um diesen Traum Wirklichkeit werden zu lassen.«[3]

Danach traf sich das Paar häufig; Pinson kam regelmäßig zum Abendessen, manchmal mehrmals in der Woche. Am 7. Juni lud Adèle ihn kühn zu einer *séance* im Haushalt der Hugos ein. Man hatte ein Jahr zuvor mit den Seancen begonnen. Delphine Gay de Girardin, die diese neue Mode des Tischrückens vortrefflich beherrschte, war am 6. September 1853 zu einem einwöchigen Besuch gekommen. Madame war in Pariser Kreisen damals sehr beliebt und mit Lamartine ebenso befreundet wie mit Hugo; ihre glühenden Verehrer betrachteten sie als eine Art romantische Göttin. So reagierte Chateaubriand auf die Ankündigung ihrer Heirat mit einem bekannten Verleger nur mit Seufzen, denn er glaubte, nun seine größte Inspiration verloren zu haben. Natürlich kam Madame de Girardin in ihrer Unterhaltung mit den Hugos auf das für sie so wichtige Thema zu sprechen. »Machen Sie die Tische?« fragte sie.

Victor Hugo war wider Willen skeptisch; seine kluge Frau lächelte nur. Natürlich hatten die älteren Hugos wie jeder auf Jersey »die Tische« versucht, aber bisher ohne Erfolg. In einer Salonecke stand der kleine Tisch, mit dem sie die Geister beschwören wollten, aber Madame de Girardin hatte schnell darauf hingewiesen, daß für eine echte Sitzung der Tisch rund sein müsse, mit einer festen Stütze in der Mitte, die sich am Ende in drei Beine teilte. Außerdem mußten alle Mitglieder der Familie teilnehmen, oder die Geister würden nicht erscheinen. Madame de Girardin machte bald in einem Antiquitätengeschäft des Ortes einen Tisch mit den entsprechenden Dimensionen ausfindig, und es wurde nun Ernst mit den Versuchen, Kontakt mit der Geisterwelt aufzunehmen.[4]

Obwohl die erforderlichen Gegenstände an ihrem Platz waren, endeten die ersten Sitzungen als klägliche Mißerfolge, und erst am 11. September gelang es den Suchenden, Kontakt mit den Geistern zu bekommen. Zu jedermanns Entsetzen behauptete die außerirdische Besucherin bei jener ersten erfolgreichen Sitzung, ihr Name sei Léopoldine. »Von diesem Augenblick an hatte Delphine de Girardin keine Mühe mehr, ihre Gäste anzufeuern. Und in den Jahren zwischen 1853 und 1855 wurden die Sitzungen praktisch jeden Tag, manchmal mehrmals täglich abgehalten.«[5]

Madame de Girardin spürte, daß Adèles Bruder Charles ein ausgezeichnetes Medium war. Obwohl er dem Spiritismus zunächst skeptisch gegenüberstand, wurde es bald deutlich, daß er wirklich einen direkten Draht zum Jenseits hatte. Mit Charles am oberen Ende des Tisches begannen die Geister, den Haushalt Hugos in Scharen zu besuchen. Meist leiteten Charles und seine Mutter die Sitzungen und wurden von Auguste Vacquérie, Adèle und einer Reihe von Gästen unterstützt. Zu der illustren Versammlung gehörten General Charles le Flò, ein Diplomat, der während der Revolution aus Frankreich ausgewiesen worden war, und der ungarische Revolutionär Oberst Alexandre Teleki. Die Sitzungen konnten Stunden dauern, wobei Victor Hugo in einer Ecke hockte und die orakelhaften Aussprüche der Geister niederkritzelte. Das Festhalten und Deuten der Botschaften war mühevoll, da die Geister ihre langen und komplexen Mitteilungen mit einem Klopfen kundtaten, einmal = a, zweimal = b usw. Die Hugos ließen ein Pantheon von Persönlichkeiten von den Toten auferstehen, einschließlich Napoléons, Hannibals, Jesus Christus, des Löwen von Androkulus und sogar Shakespeares, der Victor Hugo ein romantisches

Drama diktierte – auf Französisch. Ein Kritiker stellte später die Theorie auf, daß Hugo unter parapsychologischen Phantasien litt. Zu den Symptomen dieser Krankheit gehören extravagante Vorstellungen und Halluzinationen, mit Größenwahn gepaart. Die Kranken halten sich oft für Jesus Christus oder eine ähnlich wichtige Persönlichkeit und fühlen sich von bösen Geistern besessen. Wenn man die Opfer nach den Inhalten ihrer Wahnvorstellungen fragt, antworten sie häufig mit obskuren Wortspielen, eigenen Wortschöpfungen und ungewöhnlichen Satzkonstruktionen, die den alten griechischen Orakelsprüchen ähneln. Ansonsten wirken die Betroffenen völlig normal.[6]

Am 7. Juni 1854 war Albert Andrew Pinson, vielleicht weil ihn die Neugier trieb, oder weil er die Gelegenheit suchte, mit Adèle in der Dunkelheit Händchen zu halten, damit einverstanden, den Hugos dabei zu helfen, Kontakt mit den Geistern aufzunehmen. Pinson wollte die Tischrücker von der Unsinnigkeit ihres Glaubens überzeugen und bestand darauf, den Geistern Fragen auf Englisch zu stellen, das außer François-Victor niemand gut verstand. Er und Charles Hugo leiteten die Zusammenkunft an jenem Abend und wurden von Madame Hugo, Adèle, Teleki, Vacquerie und anderen Gästen unterstützt.

Bald nachdem sich alle versammelt hatten, begann sich der Tisch zu bewegen und zu wackeln, das übliche Zeichen, daß ein Geist den Kontakt aufnehmen wollte. Charles fragte: »Wer ist da?«

»*Frater tuus* (dein Bruder)«, kam die Antwort..

»Du bist nicht mein Bruder«, sagte Charles kühl. »Bist du der Bruder von Monsier Pinson?«

»Ja. André«, erwiderte der Geist.

Ein Ausdruck des Erstaunens ging über Pinsons Gesicht. Niemand am Tisch konnte wissen, daß er wirklich einen Bruder namens André hatte und dieser vor zwölf Jahren spurlos verschwunden war.

Pinson stellte ihm dann eine Frage auf Englisch; der Tisch antwortete. Er stellte eine zweite Frage, und er erhielt wieder eine Antwort. Die Hugos und die anderen Gäste verstanden offenbar nicht die Botschaften, die Pinson empfing, aber sie hatten ihn sichtlich verstört. Als er sich erhob, bat er mit emotionsgeladener Stimme, daß nichts aufgeschrieben werden sollte, da das, was gerade zum Vorschein gekommen sei, ganz persönlicher Natur sei und mit seiner Familie zusammenhänge. Seine Wünsche wurden befolgt. Aber es gibt keinen Hinweis auf den geheimnisvollen André (oder Andrew) Pinson. Später ging das Gerücht um, Albert Andrew Pinson benutzte nicht seinen echten Namen; vielleicht hatte er diese Geschichte eines verlorenen Bruders zu seinem Schutz erfunden, weil er Angst hatte, jemand der Familie Hugo habe herausgefunden, daß er seine Identität verberge.

Obgleich er weiterhin seine Skepsis gegenüber dem irren Gerede der Geister zum Ausdruck brachte, entzückte ihn dennoch alles, was sich im Hugo-Haushalt abspielte, und er kam noch mehrmals zu den Sitzungen – am 10. und 12. Juni, am 2. Juli, am 6. und 17. August und am 8. September. Aber nicht nur die Geister faszinierten Pinson: Adèles glühende Intensität hatte seine ganze Neugierde geweckt – und ihr Geld. Innerhalb weniger Monate hatten sie sich offenbar ineinander verliebt. Adèle wußte, daß sie sich mit Pinson auf gefährlichem Boden bewegte, und sie fand es aufregend. Schnell wurde aus der gegenseitigen Attraktion eine Liebesaffäre, die auf eine Heirat hinauszulaufen schien.

In Wirklichkeit war Pinson nicht nach Jersey gekommen, um eine Frau zu suchen, und Ruhe und Erholung waren auch nicht gerade seine Sache. Seine Situation hätte man feinsinnig mit einem vorübergehenden Steuer-Exil umschreiben können. Seit er zwei Jahre zuvor von Jersey nach England zurückgekehrt war, hatte er nur Pech gehabt. Seine besondere Schwäche waren

Pferderennen. Er nahm leidenschaftlich gern daran teil und wettete auch leidenschaftlich gern, wenn auch mit wenig Erfolg. Im Sommer 1854 war er gezwungen, aus seiner Heimat zu fliehen, wobei er einen Haufen ungetilgter Wettschulden und ebenso viele verstimmte Gläubiger zurückließ. Die Begegnung mit der leichtgläubigen, reichen und schönen Adèle war die Antwort auf seine Gebete.

Es war nicht Pinsons Stil, Adèle oder andere Frauen mit Zuneigung und Aufmerksamkeiten zu überschütten. Oft kam er tagelang nicht vorbei, und wenn er auftauchte, war er sehr direkt in dem, was er wollte. Selbst diese sporadische Aufmerksamkeit genügte Adèle, die endlich einen Mann gefunden hatte, der eine starke Leidenschaft in ihr geweckt hatte. Sie wußte auch, daß Pinson, anders als Vacquerie, kein Mann war, der untätig auf eine Frau wartete: eher kamen sie zu ihm. Sein schneidiges, gelassenes Verhalten war so anders als das der sonstigen Anwärter, die sich in Schmeicheleien ergingen und Adèles Aufmerksamkeit zu gewinnen suchten. Adèle war ganz entzückt. Bald hatte der Bauernfänger die nach Aufmerksamkeit hungernde junge Frau in seinen Bann geschlagen. Sein Spielerinstinkt sagte ihm, er könne sich seiner Sache sicher sein, und so machte er ihr einen Antrag.

Pinson hatte Adèle schon gesagt, daß er es abstoßend finde, eine Frau wegen ihres Geldes zu heiraten; dennoch, eine Heirat mit Adèle würde ihm eine blendende Mitgift verschaffen – genug Geld, um seine Schulden bezahlen zu können. Aus offenkundigen Gründen entschied er, daß es besser für Adèle sei, nichts von seiner freizügigen Vergangenheit zu erfahren – zumindest im Augenblick nicht, auch wenn sie über beide Ohren in ihn verliebt war. Er sagte, daß sein Vater, den er für einen anglikanischen Geistlichen ausgab, ein recht wohlhabender Mann sei und er entgegen allen anderslautenden Gerüchten keineswegs in Geldnöten stecke.

In Wirklichkeit ist nirgendwo verzeichnet, daß Pinsons Vater ein Geistlicher gewesen ist, sondern er war nur »ein Gentleman«; während die Zugehörigkeit zur Geistlichkeit für die Familie Pinson ausgereicht hätte, um dem niederen Landadel zugerechnet zu werden, hätte man sie deshalb aber nicht der wohlhabenden Schicht zuordnen können, es sei denn, die Familie hätte über private Mittel verfügt. In Pinsons Fall kann man fast sicher sein, daß seine Zuneigung zu Adèle eng mit seiner verzweifelten finanziellen Lage zusammenhing.

Um sich mit Adèle verloben zu können, hätte er nach den Anstandsregeln der Zeit zuerst das Placet ihrer Eltern einholen müssen; Adèle wiederum hätte seinen Eltern vorgestellt werden müssen. Waren beide Elternpaare mit der Verbindung einverstanden, konnte das junge Paar als verlobt gelten. Die Zeit der Brautwerbung, die sich über etliche Wochen oder Monate erstrecken konnte, verlangte von dem Verlobten, daß er nun seiner Liebsten jeden Nachmittag oder Abend einen Besuch abstattete und Blumen mitbrachte. Aber nichts dergleichen geschah, denn nichts verlief nach Pinsons Plan. Adèle war nämlich nicht nur schön, sondern sie hatte auch Prinzipien, und da sie noch immer dem Feminismus à la George Sand anhing, war sie vehement gegen die Ehe eingestellt. Sie schlug seinen Antrag aus.

Da er als Ehemann abgelehnt worden war, unternahm er auch nicht mehr die Spur eines Versuchs, den Freier zu spielen. Nur durch Heirat konnte er an Adèles Mitgift gelangen. Pinsons plötzlicher Gefühlswandel machte Adèle Angst, und bald bereute sie ihre ungestüme Abweisung des Mannes ihrer Träume. Als der Sommer zu Ende ging, konnte sie es nicht erwarten, Madame Pinson zu werden und Jersey für immer zu verlassen. An einem Septemberabend hielt Adèle ihre Gefühle gegenüber Pinson und die Hindernisse, die sie zu überwinden haben würden, in ihrem Tagebuch fest:

Engländer, du liebst eine Französin; Monarchist, du liebst eine Republikanerin; blonder Mann, du liebst eine Brünette; Mann der Tradition, du liebst eine Frau der Zukunft; Materialist, du liebst eine Frau der Ideen.

Warum liebe ich dich also, kannst du mir das sagen?[7]

Unterdessen war Auguste Vacquerie, der noch immer in Marine Terrace weilte, der vagen Hoffnung, Adèle könne ihre Meinung ändern und ihn schließlich doch noch heiraten, tief enttäuscht über Adèles Wandel. Sie sagte ihm geradeheraus, daß sie ihn niemals heiraten würde und daß sie jemand anderen liebe. Vacquerie litt verständlicherweise große Qualen. Adèle protzte mit ihrem neuen Liebhaber, und Vacquerie war wegen allem und jedem gekränkt. Am 28. August kam Pinson zum Essen und reichte Adèle den Arm, als sie ins Eßzimmer gingen. Die Geste brachte Vacquerie in Wut, und kurz danach teilte er, vielleicht aus Boshaftigkeit, Adèle mit, daß er der Liebhaber von Margaret Allen werden wolle, einer vertrauten englischen Freundin Adèles, die gerade zu Besuch weilte. Einige Monate später widmete er ihr sogar ein Gedicht. Doch noch immer bestand das Band der Freundschaft zwischen Adèle und Vacquerie, was seinen Schmerz nur noch vergrößerte. Adèle hatte niemanden außer ihm, mit dem sie reden konnte. Sie brauchte dringend eine Person, die sie verstand. Am Abend des 12. September ging sie in sein Zimmer. »Er war allein«, schrieb Adèle. »Er hatte einen Vers für mich geschrieben und das Stück Papier verbrannt ... Während das Papier brannte, habe ich die Matratze glatt gestrichen und zu vergessen versucht, wie sehr ich ihn einmal geliebt habe. Ich saß da und verströmte meine Tränen über die Laken (seines Himmelbettes) und beweinte meine elende Situation.«[8]

Auch Vacquerie war elend zumute. »Es wird schwierig sein, den Charme einer Frau mit Emanzipation zu vereinbaren«, jammerte er. »Aber was soll's? Sicherlich ist unter diesem anmutigen

Äußeren ein Herz verborgen, das blutet. Mann, du wirst ein Sklave sein, wenn eine Frau frei ist!«[9]

Ende September verließ Pinson die Insel Jersey. Sehr viel später ging das Gerücht um, daß der wahre Grund für seine Abreise im Ultimatum eines britischen Polizeirichters lag, das er nicht länger ignorieren konnte: er hatte die Wahl zwischen Schuldnerturm oder Armee. Dies war ein üblicher Weg, um die Zahl der Gefängnisinsassen zu verringern und den ständigen Bedarf der britischen Armee an Soldaten zu befriedigen. Während er höchstwahrscheinlich der Armee beitrat, um seinen Schulden zu entgehen, war er jedoch nicht dazu gezwungen. Was er jedoch Adèle erzählte, war auch nicht die ganze Wahrheit. Da sie von seiner Vergangenheit keine Ahnung hatte, machte er sie glauben, daß sein Vater ein Patent in der Armee für ihn erworben hatte. In Wahrheit schloß sich Pinson der West Yorkshire Miliz an, einer Einheit, für die man gar keine Patente zu kaufen brauchte. Die Bezahlung kam einem Hungerlohn gleich, aber die Aussicht, daß er sich im gerade begonnenen Krimkrieg oder an einer anderen Front den Kampfhandlungen stellen mußte, war ziemlich gering. Hätte ein Linienheer ihm mehr Geld gegeben (Fähnriche erhielten 95 Pfund pro Jahr), hätte ihn das auch in Gefahr gebracht.

Was er der liebeskranken Adèle erzählte, stimmte nicht mit den Fakten überein. Danach trat Pinson erst am 6. November 1854 dem dritten Bataillon der West Yorkshire Miliz bei. Was immer er zwischen Ende September und dem Datum seines Dienstantritts unternommen hat, ist der Nachwelt nicht überliefert, obwohl er offenbar wirklich nach England zurückgekehrt war. Mit Sicherheit nutzte er nicht die Gelegenheit, auf die Kanalinseln zurückzukehren. Lord Palmerston, der Pinsons Einberufung bestätigte, beschrieb ihn dem Grafen von Harewood als einen »Gentleman« und deutete damit an, daß jener über einige private Mittel verfügte, ließ aber nichts Genaueres verlauten. Dennoch hielt sich die Geschichte hartnäckig, daß Pinson in chronischer Geldnot und von einem berufsmäßigen Spieler nicht weit entfernt war. Die Militärangehörigkeit verschaffte ihm einen weiteren Vorteil: ein beträchtliches Maß an Freiheit. Wozu Pinson seine reichlich bemessene Freizeit nutzte, ist nicht genau bekannt, aber Spielen stand sicherlich an oberster Stelle bei seinen Aktivitäten. Jedenfalls waren ihm offenbar alle Gedanken an eine Ehe verflogen, nachdem er durch seinen Eintritt in die Miliz seine finanziellen Probleme mehr oder weniger gelöst hatte. Er hatte gemerkt, daß Adèle geistig und physisch mehr als nur ein wenig ungewöhnlich war; sie und ihre Familie kamen ihm allmählich immer merkwürdiger vor. Sein neuer Status bedeutete zweifellos eine Erleichterung. Wäre er dem regulären Armeekorps beigetreten, hätte er seinen befehlshabenden Offizier um die Erlaubnis ersuchen müssen, Adèle zu heiraten; dieses Privileg hatten im Durchschnitt nur sechs von hundert Offizieren, die alle im Rang höher standen als er selbst. In der Miliz, die sich nur selten versammelte, wäre eine derartige Regel nicht praktikabel gewesen, aber der gerissene Pinson scheint diese Information für sich behalten zu haben.

Adèle war verzweifelt und hatte noch nicht gewagt, ihren Eltern all das zu erzählen, was zwischen ihr und Pinson vorgefallen war, aber ihr seltsames Verhalten war nicht unbemerkt geblieben. Madame Hugo führte Adèles emotionale Unausgeglichenheit auf die ungesunde Isolation zurück. Ihrer Meinung nach hatte das Exil die Urteilskraft ihrer Tochter geschwächt, da es den Boden für übertriebene Tagträume und Phantasien bereitet hatte, die in einem anspruchsvolleren und lebendigeren Umfeld nicht möglich gewesen wären. Adèle brauchte, so argumentierte sie gegenüber ihrem Gatten, gleichaltrige Freundinnen, ein abwechslungsreiches und zwangloseres Leben, wie es auf dem Kontinent zu finden war. Sie fügte nicht hinzu, daß die Mutter des Mädchens derselben Ablenkungen bedurfte.

Madame Hugo liebte Paris und konnte dem Leben auf diesem Felsenhaufen mitten im Wasser, an dem ihr Mann so hing, nichts abgewinnen. Hugo war nicht willens, auch nur ein Familienmitglied auf den Kontinent zurückkehren zu lassen, schon gar nicht nach Frankreich; ihre Bestimmung war das Exil, sagte er, obwohl in Wirklichkeit nur er ausgewiesen worden war. Aber Madame Hugo brach schließlich seinen Widerstand und rang ihm die Erlaubnis ab, daß sie und Adèle für eine Reise nach Paris die Insel verlassen durften. Adèle genoß die Zeit in ihrer Geburtsstadt, und ihr physisches und seelisches Befinden verbesserte sich sichtlich. Aber innerhalb weniger Tage nach ihrer Rückkehr auf die Insel verfiel Adèle wieder in ihre alte Launenhaftigkeit; der Tapetenwechsel hatte für die Verfassung Madame Hugos mehr gebracht als für ihre Tochter.

In Herzensdingen ließ sich Adèle von den Büchern ihres Vaters stark beeinflussen. Die Leidenschaft, die sie bei ihren drei Liebesaffären entfaltete, glich der der größten Helden und Heldinnen in Hugos Werken. Ihre Mutter fürchtete aber, daß eine psychische Labilität in Verbindung mit der berauschenden Romanwelt des Vaters und dem dumpfen, einsamen Leben auf Jersey sich schädlich auswirken und ihr die Fähigkeit nehmen würde, zwischen wahrer, dauerhafter Liebe und dem aufregenden Reiz einer blinden Leidenschaft zu unterscheiden. Der Mangel an Urteilskraft hatte die seltsame Situation mitverursacht. Pinson war anders als die Männer, denen sie bisher begegnet war. Nichts, auch nicht ihr Vater, konnte ihn beeindrucken. Seine unnahbare, leicht spöttische Art, sein ausgeprägtes Selbstvertrauen und seine Fähigkeit, den Charakter anderer zu durchschauen, faszinierten sie ebenso wie seine persönliche Anziehungskraft und seine zarte, fast feminine Schönheit. Sie hatte den Eindruck, daß er ihr direkt ins Herz sehen konnte. Im Vergleich zu Vacqueries ausgesuchter Höflichkeit und Zurückhaltung war Pinsons unverhohlene Begierde aufregend.

Adèle zweifelte keinen Augenblick daran, daß Pinson der Mann aus ihrem Traum vor acht Jahren war und daß es schlicht und einfach sein Schicksal sein sollte, die große Liebe ihres Lebens zu sein. Sie schrieb in ihr geheimes Tagebuch:

> (Er) lehnte alles ab, nur um in Jersey bleiben zu können. Seine Familie bot ihm ein Patent in der Armee an, die typische Laufbahn für den englischen Landadel. Er hat abgelehnt. Was kümmert ihn die Armee, eine Karriere, Ehrgeiz? Seine Karriere war, mich zu lieben, sein Ehrgeiz, mich zu sehen. Aber das Leben hat seine harte und praktische Seite. Wenn Liebe im Spiel ist, gilt es, an Heirat zu denken, und er mußte eine Stellung haben. Um mich heiraten zu können, hat er schließlich einen Posten beim Militär angenommen. Er ist verstört, in Tränen aufgelöst, allein abgereist, und nur der Gedanke, mein Ehemann zu werden, hat ihm Mut gegeben.[10]

Adèle legte eine hektische Betriebsamkeit an den Tag, um Pinson dazu zu bringen, seine Stelle aufzugeben und zu ihr zurückzukehren; sie sah in ihm die einzige Möglichkeit, dem Leben zu entfliehen, das sie verabscheute. Am 12. Oktober kam sie zu dem schicksalsschweren Schluß, daß sie Clésingers Béatrice gewesen sei, die Frau, die Dante in seiner Göttlichen Komödie unsterblich gemacht hat, und daß Pinson jetzt dieselbe Rolle für sie spielen werde. Verzweifelt ersuchte sie in privaten Seancen die Geister um Rat, aber nichts funktionierte. Bei einer die ganze Nacht dauernden Sitzung Anfang Oktober 1854 wies der Tisch sie an, Pinson zu sagen, sie erwarte ein Baby.

»Wird das die beabsichtigte Wirkung haben?« fragte Adèle die Geister.

»Ja«, antwortete der Tisch. »Sag: ›Ich werde sterben, wenn ich, im Stich gelassen, ein Kind kriege.‹«

»Kann man ihn auf diese Weise halten?« fragte Adèle.

»Ja«, antwortete der Tisch bestimmt.[11] Adèle beschloß, diese dramatische Geste in der Hinterhand zu behalten.

Als sie in derselben Nacht den Tisch noch einmal zu Rate zog, besuchte sie Jesus Christus persönlich. Sie war nicht im geringsten überrascht, von einem so hehren Gast beehrt zu werden.

»In der Ewigkeit wirst du göttlich sein«, sagte ihr Jesus. »In der Ewigkeit wirst du schön sein. In der Ewigkeit wirst du Die Frau sein. In der Ewigkeit wirst du Mutter, Geliebte, Schwester, Tochter und Gattin sein.«

»Was wird mit meinem Geist passieren?« fragte Adèle.

»In der Ewigkeit wirst du aus Schönheit bestehen. In der Ewigkeit wirst du aus Feuer bestehen. In der Ewigkeit wirst du aus Licht bestehen. In der Ewigkeit wirst du aus Flammen bestehen.«[12]

Diese Episode überzeugte Adèle, daß es das einzig Richtige war, Pinson auf den Fersen zu bleiben. Aber während sie sich wegen des abwesenden Pinson quälte, setzte ihr die bedrückende Gegenwart Vacqueries zu. Adèle fühlte sich schuldig und manchmal von ihrem eifersüchtigen Ex-Liebhaber belästigt. Sie wußte, daß sie ganz mit ihm brechen mußte, aber sie zögerte, da Pinsons Zuneigung nicht zu trauen war und er keinerlei Anzeichen zu erkennen gab, daß er zu ihr zurückkehren würde. Wieder rieten die Geister Adèle: Werde Vacquerie los! Am 18. Dezember 1854 befragte Adèle sie: »Warum befehlt ihr mir, Auguste gerade dann rauszuschmeißen, wenn Albert mich so wenig liebt und vielleicht nicht zurückkommt? Wollt ihr mir auf diese Frage antworten?«[13]

Die Geister wollten nicht. Sie versprachen jedoch, daß Pinson in ein paar Wochen zu Besuch kommen würde und es Schwierigkeiten geben werde, die wahrscheinlich in einer Katastrophe endeten, wenn Vacquerie immer noch anwesend wäre.

Da sie glaubte, nur ihr Handeln könne vermeiden, daß einer der Männer bei einem Duell oder einer sonstigen Tragödie getötet würde, drängte Adèle ihre Mutter, Vacquerie wegzuschicken. Madame Hugo war über die Bitte ihrer Tochter entsetzt und traurig, kam ihr jedoch nach und machte den Vorschlag, daß Vacquerie im Frühjahr zurückkehren könne. Der Kompromiß kam Adèle zupaß, aber als sie sich wieder an ihren Tisch wandte, waren die Geister nicht glücklich. Sie bestanden darauf, daß Vacquerie für immer gehen müsse. Die bekümmerte Adèle verließ sich nicht auf ihre eigene Urteilskraft, und schließlich bekamen die Geister ihren Willen. Adèle war fast völlig isoliert.

Nun konnte sie ihre ganze Zeit den inzwischen schamlosen Bemühungen widmen, Pinson in eine Ehe hineinzumanipulieren. Sie versuchte immer verzweifeltere Taktiken. Sie sagte ihm, daß sie mit einem anderen Mann verlobt sei, und benutzte den Trick, den ihr die Geister vorgeschlagen hatten. Sie behauptete, schwanger zu sein. Später drohte sie, sie werde sich umbringen, wenn Pinson nicht zurückkäme und sie heiratete. Im Dezember 1854 erfuhr Adèle, daß Pinson ihrem Bruder erzählt hatte, er wolle ein vierzehnjähriges Mädchen heiraten. Adèle war wütend. »Die Sache machte mich krank, ganz gleich, wer sie war«, schrieb sie. »Ich wollte einen Brief schreiben, um mit ihm zu brechen … Wenn die Sache stimmt, ist das unser absoluter Bruch, der unwiederbringliche Tod meiner Liebe.«[14] Die Nachricht, wahrscheinlich auch ein Trick seitens Pinson, um Adèle loszuwerden, hatte nicht die ersehnte Wirkung. In einem dringenden Brief vom 28. Dezember, der Pinson eigenhändig von Margaret Allen (die nach England zurückgekehrt war) ausgehändigt wurde, schrieb Adèle:

> In Deinem zweiten Brief hast Du mich gebeten, Dich zu heiraten, ohne daß Du Deine Offiziersstelle aufgeben müßtest, die Du sonst vielleicht verlieren würdest. Aber zu jenem

Auguste Vacquerie, Photo von Charles Hugo

Zeitpunkt war es mir unmöglich, Dich zu heiraten, da ich gerade versuchte, mich als gutes Beispiel für den Kampf gegen Vorurteile aufzubauen …

Nachdem ich mich aller erdenklichen Argumente bedient hatte, und dies ohne Erfolg, mußte ich doch weniger feine Methoden anwenden. Ich benutzte zwei: meinen Tod und die Eifersucht. Ich habe die erste probiert, sie hat nicht funktioniert … Ich machte mich sofort an die zweite Methode, da sie am sichersten und am leichtesten durchführbar war …

Wenn Du mich also lieber mit einem anderen Mann siehst, als auf Deine Offiziersstelle zu verzichten, ist es offensichtlich, daß Du mich nicht liebst.[15]

Für Pinson, der von Adèles Possen genug hatte, war der Appell nur ein weiterer mitleiderregender Versuch einer Frau, deren geistige Gesundheit er sowieso schon für allzu fragwürdig hielt, als daß sie ihn zur Heirat hätte verführen können. Daher brauchte er fast fünf Tage, bis er eine negative Antwort niederschrieb. Unerschrocken versuchte Adèle es noch einmal:

Nachdem ich Dein Kind geboren, aber wegen Deiner laxen Haltung nicht gewagt habe, es zu sagen, werde ich einen sehr gutaussehenden und sehr geistreichen Mann heiraten, und der einzige Weg, diese Heirat nicht stattfinden zu lassen, wäre für Dich, Deine Stelle aufzugeben.

Pinson ließ sich noch immer nicht erweichen; aber so leicht war Adèle nicht abzuschütteln. Diese Sommerromanze hatte sie beide in einen Strudel von Leidenschaft und Bitternis gestoßen.

Eine Fahrt in die Freiheit

Jersey und Guernsey, 1855–1863

Jedermann redete auf das Mädchen ein, es müsse heiraten. »Es ist die Rolle einer Frau«, sagte ihr Vater. »Es ist die einzige Möglichkeit, dich zu befreien«, sagte Charles.

Frances Vernor Guille[1]

Es war ein ruhiger Sommerabend. Das unablässige Rauschen der Brandung hatte nachgelassen, und vom Strand wehte ein leichter Wind. Die Bougainvillea, Rosen und Stauden, die Madame Hugo und Adèle so liebevoll gepflegt hatten, blühten in vollster Pracht, und der Duft zog durch die offenen französischen Fenster herein, wo die Familie Hugo gerade zu Abend aß. Im Innern des Hauses war die Luft erstickend heiß trotz der hohen Zimmerdecken und der verputzten Wände. Adèles Wangen waren gerötet, und sie wartete ungeduldig auf das Ende der Mahlzeit. Schließlich war es so weit. Adèle entschwand auf die Terrasse, die zum Meer hinausging. Charles gesellte sich sofort zu ihr, mit der Familienkatze Agneau (Lamm) auf dem Arm, deren Ausbrüche von Boshaftigkeit ihren Namen Lügen straften. Agneaus Temperament war vielleicht durch ihre Herkunft beeinflußt worden; ihre Mutter war im Pariser Gefängnis der Conciergerie geboren; dort fand Auguste Vacquerie sie während seiner Haft und nahm sie mit nach Jersey.

Charles und Adèle schlenderten zu einer Steinbank im hinteren Teil der Gartenanlage, dort, wo Adèle gesessen hatte, als Pinson sie zum ersten Mal sah. Innerhalb weniger Minuten hatte die Seeluft sie beide belebt. Während Charles dasaß und abwesend die widerspenstige Agneau streichelte, blickte Adèle auf die Brandungswellen, die durch das silbrige Licht des Neumondes beleuchtet wurden. Charles war genauso froh wie seine Schwester, dem Essen entflohen zu sein. Er äußerte seine Meinungen offener als die Geschwister, und so lag er sich häufig mit seinem Vater in den Haaren. Da er aber ein Sohn und dazu der älteste war, wurde Charles meist mehr Freiraum gewährt als dem fügsamen François-Victor und gewiß mehr als Adèle. Doch auch er lehnte sich häufig gegen Hugos drückende Forderung nach absolutem Gehorsam und gänzlicher Übereinstimmung mit seinen Meinungen auf.

Charles wußte genau, daß Adèle am meisten litt, und aus diesem Grunde hatte sie sich schließlich entschlossen, ihn um Hilfe zu bitten bei ihrem Bemühen, sich vom Vater, von Marine Terrace, Jersey und dem beengten Leben zu befreien, das sie zunehmend unerträglich fand. Sie starrte noch ein paar Minuten lang aufs Meer, schlurfte mit den Schuhen auf den Steinplatten, während sie nach den richtigen Worten für ihre Frage suchte. Gäbe es irgendeine Möglichkeit, brach es schließlich aus ihr heraus, sich von ihrem Vater zu emanzipieren? Charles antwortete zynisch lächelnd, daß sie legal nichts tun könne, aber wenn sie nach illegalen Mitteln greifen wolle, könne sie immer eine Diebin oder eine Prostituierte werden. Seine Antwort schockierte Adèle nicht. Mit leiser Stimme antwortete sie, daß Diebstahl und Prostitution nicht mit ihrem Gewissen zu vereinbaren seien; solche Dinge würde sie nicht tun, um ihren Lebensunterhalt zu bestreiten.[2]

»Man sollte nur zum Teil für seine Leidenschaften verantwortlich sein«, murmelte Adèle, während sie noch immer auf das Wasser starrte. Gerade in diesem Augenblick spazierte Victor Hugo den Pfad hinunter, die Hände in den Hosentaschen. Er hielt bei der Seemauer inne. »Findest du Othello und Claude Frollo (den Schurken in Hugos Drama *Notre Dame de Paris)*

Adèle Hugo im Exil

schuldig?« fragte Adèle ihren Vater, wobei sie leicht ihre Stimme erhob, als hätte sie Wellen und Wind übertönen wollen.

»Nein«, antwortete er und machte ein paar Schritte auf die beiden zu, »obwohl sie die Frauen, die sie liebten, getötet haben. Sie haben es in der Hitze der Leidenschaft getan, ein mildernder Umstand. Ich würde sie nicht zum Tode verurteilen, aber zu lebenslanger Haft.« Seine Bemerkung war prophetisch; Adèles Rebellion, die noch in weiter Ferne lag, wird Victor Hugo als Verrat seiner Tochter an ihm verurteilen, und wenn der Zeitpunkt der Rache kommen wird, wird die Strafe, die er ihr zugedacht hat, auffallend ähnlich sein.

Aber was die Ehe anging, hatte Charles recht. Für eine junge, unverheiratete Frau aus der Oberschicht gab es buchstäblich keine anderen Möglichkeiten. Anders als ihre aus niederen Schichten kommenden Schwestern konnte sie weder für einen erbärmlich geringen Lohn in der Fabrik eines Ausbeuters arbeiten, noch auf den Feldern oder in einem Amüsierbetrieb. Sie mußte heiraten.

Es gab bemerkenswerte Ausnahmen wie die Schriftstellerinnen Eugénie Nyobet, George Sand und im 18. Jahrhundert die Malerin Elisabeth Vigée-Lebrun. Alle drei waren verheiratet und doch frei genug, um das zu tun, was sie wollten, auch wenn sie dabei ihre häuslichen Pflichten vernachlässigten. Gewiß, im neunzehnten Jahrhundert nahmen mehr Frauen denn je den Federhalter in die Hand und machten sich im Bereich des Journalismus einen Namen oder schrieben Bücher. (Sand hatte für *Le Figaro* und *La République* gearbeitet, Eugénie Nyobet gründete 1848 die feministische Zeitung *La Voix des Femmes.*) Aber es bestand ein Unterschied zwischen Adèle und diesen Frauen. Sie hatten die Unterstützung und die Erlaubnis ihrer Ehemänner oder Väter, ihren Beruf auszuüben; Adèle hatte trotz ihrer Begabungen keinerlei Unterstützung und, wie sich herausstellte, mangelte es ihr an der erforderlichen Entschlossenheit, ihre Karriere zu verfolgen. Statt dessen wurde ihre Aufmerksamkeit durch zunehmend merkwürdige Obsessionen abgelenkt.

Als sie dreizehn Jahre alt war, hatte Honoré de Balzac Adèle als die schönste junge Frau beschrieben, die er je gesehen hatte. Während der Jahre im Exil welkten ihr Körper und ihr Verstand dahin. Sie hatte sich aus einer aufregenden, jungen Pariserin, die sich für das Leben und ihre eigene soziale Situation begeisterte, in eine nachdenkliche, verbitterte Exilantin verwandelt. Die ständige Fixierung auf Pinson machte sie mißmutig, und sie versuchte nicht mehr, sich von dieser törichten, sinnlosen Liebe zu befreien. Die positiven Eigenschaften, die vormals sie und Léopoldine zu liebreizenden Personen gemacht hatten, waren erloschen. Ihre Herzensgüte, Großzügigkeit und Frömmigkeit wichen Ruhelosigkeit, Introvertiertheit und neurotischem Verhalten. Nicht einmal Charles konnte bei einer seiner vielen Photositzungen, denen die Familie ausgesetzt war, seiner Schwester irgendein Lächeln abschmeicheln. Charles hatte eine Manie fürs Photographieren entwickelt und tat nichts lieber, als seinen Photoapparat auf etwas zu richten, das sich bewegte oder vorzugsweise nicht bewegte. Aber jedes Bild zeigte dieselbe traurige Adèle. Zunächst hatte ihr geistesabwesender Gesichtsausdruck gerührt, denn sie wirkte wie eine Mater dolorosa. Jetzt ließen ihr Stirnrunzeln und die ausdruckslosen Augen sie alt und verkniffen aussehen. Zu allem Übel verlor sie auch noch zusehends ihre gute Figur, und das Gesicht, das einstmals so viele Schriftsteller inspiriert hatte, begann schwammig zu werden; ihr entrückter Blick hatte sich zu einem Ausdruck der Unnahbarkeit verhärtet.

Victor Hugo war gegenüber seiner Tochter immer kritischer geworden, er hielt sie für egozentrisch und ungehorsam, und ihre unentwegte Ablehnung von Heiratsanträgen hatte seinen Unwillen hervorgerufen. Eines Abends, als sie für die Familie und ihre Gäste sang, befahl ihr der Vater aufzuhören und murrte, ihre Diktion sei entsetzlich. Hugo hatte keine Hemmungen, kritische Maßstäbe bei Adèles informellem Ständchen anzuwenden, als handelte es sich um einen Gesangswettbewerb. Großspurig gab er in aller Öffentlichkeit seiner Tochter den Rat: »Übe fleißig und artikuliere deutlich ... Denselben Rat habe ich Madame Marie Dorval gegeben, die trotz ihres wunderbaren Talents eine sehr schlechte Diktion hatte.«[3] War Adèle durch die Bemerkungen ihres Vaters auch verletzt, so zeigte sie es dennoch nicht. Sie hatte andere Dinge im Kopf.

Daß Adèle weiterhin von dem englischen Armeeoffizier im niederen Rang besessen war, verwirrte nicht nur ihre Familie und Freunde, sondern das ganze Aufgebot ihrer Bewunderer. Einer von ihnen war Jules Allix, der seiner Schwester Augustine, der Geliebten Charles Hugos, in die Verbannung gefolgt war. Natürlich war Allix wegen der Verbindung seiner Schwester mit der Familie ein häufiger Besucher in Marine Terrace. Aber der eigentliche Grund seiner Anwesenheit war Adèle, die er seit Jahren heimlich liebte. Jules Allix nahm häufig an den Familienseancen teil, aber eines Abends Anfang Oktober 1855 ging etwas entsetzlich schief. Je später es wurde, um so mehr veränderte sich Allix' Persönlichkeit. Am Ende der Sitzung war der junge Mann wie gelähmt. In den nächsten Stunden starrte er mit glasigen Augen ins Leere. Dieses seltsame Verhalten machte Madame Hugo Angst, und sie fragte ihn, was los sei. »Ich habe heute abend Sachen gesehen«, lautete seine kryptische Antwort. Es war das erste Anzeichen, daß Jules Allix unter dem litt, was damals als eine »seelische Krise« beschrieben wurde.

In den darauffolgenden Tagen, zeigte sich in Allix' Verhalten wenig Veränderung. Eines Tages tauchte er aus seiner Lethargie auf, um wütend auf Auguste Vacquerie loszugehen; dann schlug er Charles Hugo. Da faßte man den Entschluß, ihn zu seiner Familie nach Frankreich zurückzuschicken, aber unterwegs versuchte er, aus der Kutsche zu entweichen. Seine Verwandten sahen sich gezwungen, ihn in einer Irrenanstalt unterzubringen, und zwar in einer privaten Zelle zu seinem eigenen Schutz.[4] Die Episode dauerte jedoch nicht lange; im Jahre 1856 war Allix wieder genügend zu Kräften gekommen, um in Brüssel Französischunterricht geben zu können.[5] Dennoch erschreckte dieser Vorfall alle Beteiligten. Es war das zweite Mal, daß ein Familienmitglied oder eine ihr nahestehende Person verrückt geworden war. Madame Hugo bestand darauf, die Familiensitzungen zu beenden.

Kurz darauf wurde Victor Hugo in einen anderen Streit verwickelt, der dazu führen sollte, daß die Familie erneut ihre Adresse ändern mußte. Die Umstände, die in Hugos zweites Exil mündeten, begannen merkwürdigerweise mit einer Zusammenkunft, die am 22. September 1855 öffentlich in London abgehalten wurde. Dabei hatte der Franzose Félix Pyat einen Brief in französischer Sprache vorgelesen, der Königin Victoria zur Zielscheibe hatte, weil sie Napoléon III. einen offiziellen Besuch abgestattet hatte. Der Brief wurde in verschiedenen englischen Zeitungen veröffentlicht, rief aber trotz seines rüden und stark antimonarchistischen Tenors keinerlei Unruhe hervor. Er erschien auch in *L'Homme,* einer Zeitung in französischer Sprache für die Exilanten auf Jersey, aber hier blieben Pyats aufrührerische Worte nicht unbemerkt. Im Gegenteil, die englischsprechenden Bewohner von Jersey waren so entsetzt, daß sie die französischen Vertriebenen, die für ihre Veröffentlichung verantwortlich waren, aufforderten, die Insel zu verlassen. »Die Gruppe der Verbannten bat Victor Hugo, ihr Protestschreiben zu verfassen. Er tat dies mit Nachdruck, und François-Victor und Charles setzten ihre Unterschriften darunter. ›Und jetzt‹, endete Hugo, ›weist uns auch noch aus.‹« Die Bewohner von Jersey waren nicht säumig und erfüllten Hugos Wunsch. »Am 27. Oktober wurde ihm befohlen, die Insel zu verlassen. Am

31. Oktober brach Victor Hugo mit dem Blechkoffer, in dem er seine Papiere aufbewahrte, nach Guernsey auf.«[6] Am 9. November verließen auch Adèle und ihre Mutter Jersey, um sich nach Guernsey zu begeben, und es dauerte nicht lange, bis das restliche Gefolge seinem Oberhaupt folgte.

Zunächst schien die Veränderung Adèle gut zu bekommen. Wenn Guernsey auch viel kleiner als Jersey war, so schien es doch im Vergleich ein Paradies zu sein. Blumen blühten im Überfluß, wurden über zwei Meter hoch und sorgten selbst noch im November für eine strahlende Blütenpracht. Kurz nach der Ankunft der Familie in der Hauptstadt von Guernsey, Saint-Pierre-Port, kaufte Hugo für 25 000 Franc ein Landhaus im georgianischen Stil, das Hauteville-Haus. Zum ersten Mal besaß die Familie ein eigenes Heim. Unter Hugos Händen nahm das Haus, das um 1800 erbaut war, eine ganz andere Gestalt an; Hugos romantische Phantasie kannte keine Grenzen, zumindest was die Architektur anging.

> Was besonders auffällt, sind die grandiosen Ausmaße, die Mischung aus klassischen, mittelalterlichen und exotischen Details. Ein Kaminsims setzt sich aus Teilen zusammen, die aus dem Mittelalter, der Renaissance und der Regierungszeit Ludwigs XII. stammen. In einem Salon findet man chinesische Seidentapeten neben einer norwegischen Täfelung .[7]

Das Durcheinander des Umbaus holte Adèle aus ihrer gedrückten Stimmung und Lethargie, die sie auf Jersey geplagt hatten. Madame Hugo bemerkte, daß ihre Tochter offenbar damit zufrieden war, ihre neue Rolle als Schloßherrin zu spielen, und daß sie ihr schönes, neues Zimmer genoß. Im Sommer des Jahres 1856 war Adèle sogar einverstanden, dem Beispiel ihres Vaters zu folgen und im Ozean zu baden. Dies hatte ihr der Arzt schon lange empfohlen, und auch ihre Mutter hatte sie dazu gedrängt. In jenem Jahr wurde eine ihrer Kompositionen bei einem Konzert in Saint-Pierre-Port gespielt. Ihre Familie war erleichtert, denn es schien, als ob Adèles beunruhigende Melancholie sich verflüchtigt hätte. Dem war aber nicht so. Adèle hatte einfach beschlossen, ihr Unglück für sich zu behalten. Madame Hugo versäumte zu erkennen, daß Adèle, während sie so eifrig die Rolle der Haushälterin übernahm, sich auf ein Leben als unverheiratetes Fräulein einstellte – die hingebungsvolle alte Jungfer, die sich um Neffen und Nichten kümmert, ohne ein eigenes Leben zu haben.

Die Verinnerlichung von Unglück und Ängsten hatte eine höchst negative Wirkung auf die phantasievolle junge Frau. Am 6. Dezember 1856 wurde Adèle plötzlich von hohem Fieber mit Delirium und einem Anfall von Gastroenteritis heimgesucht. Man führte das mysteriöse Leiden zunächst auf eine Nervenattacke zurück. Vier Tage lang ging es ihr sehr schlecht. Am fünften war das Fieber so hoch, daß der Hausarzt, Dr. Émile Allix, auch ein Verbannter und persönlicher Freund Hugos, und Dr. Terrier, ein dort ansässiger Arzt, voraussagten, sie werde die Nacht nicht überleben. Aber Adèle erholte sich, und die Krankheit war so schnell verflogen, wie sie gekommen war. Am Weihnachtstag konnte ein erleichterter Victor Hugo in einem Brief an einen Freund verkünden: »Meine Tochter ist außer Gefahr.«[8] Die seltsame Krankheit hatte nachhaltige Auswirkungen; Adèle fand ihre frühere Lebhaftigkeit und anziehende Persönlichkeit nie wieder.

Die Traurigkeit, die Adèle umgab, begann wie ein Nebel über der ganzen Familie zu hängen, mit nur einer einzigen Ausnahme: Victor Hugo blieb so kraftstrotzend und beschwingt wie immer. Aber jetzt war etwas noch Beunruhigenderes an Adèles Wesen, das niemand wirklich deuten konnte. Madame Hugo war sicher, daß sich bei ihrer Tochter die ersten Anzeichen einer Verhaltensstörung bemerkbar machten, ähnlich wie bei Eugène.

Zum Teil hingen Adèles Schwierigkeiten mit ihrem Vater zusammen, der ständig versuchte, sie nach dem Vorbild der toten Léopoldine zu formen. Offenbar konnte sie ihm nie etwas recht machen, wie sehr sie sich auch bemühte, stundenlang ihrem Vater als Sekretärin diente und auf sein Geheiß hin beträchtliche Energie auf Schreiben und Komponieren verwandte.

Adèle plagten keine Gewissensbisse, mehrere Heiratsanträge abgelehnt zu haben; sie begründete dies mit dem Argument, die Ehe sei für Frauen entwürdigend, ein Argument, das Hugo als Unsinn abtat. Seine Bemühungen, Adèle das Heiraten schmackhaft zu machen, indem er eine Reihe beachtlicher Junggesellen vor ihr aufmarschieren ließ, zeitigten jedoch keinen Erfolg. Aber Hugo ging nicht so weit, eine Heirat selbst zu arrangieren. Er machte seiner aufmüpfigen Tochter nur das Leben schwer. Unter den zunehmend wachsamen Augen ihrer Eltern zu leben, empfand Adèle als immer unerträglicher. Sie hatte das Gefühl, wie ein Kleinkind behandelt zu werden.

Schließlich hatte sogar Madame Hugo genug vom tyrannischen Verhalten ihres Mannes. Sie versuchte, Adèle Mut zu machen. In einem Brief von 1858 knöpfte sie sich Hugo wegen seiner schäbigen Behandlung ihrer jüngsten Tochter vor:

> Sie haben heute morgen beim Essen gesagt, daß Ihre Tochter nur sich selbst liebt. Ich wollte vor den Kindern nicht mit Ihnen streiten, denn das tut nicht gut. Adèle hat Ihnen klaglos ihre Jugend geschenkt, ohne eine Anerkennung zu beanspruchen, und Sie finden sie eingebildet.[9]

Was Hugo für Dünkel hielt, waren in Wirklichkeit eine immer stärker werdende Neigung, sich abzukapseln, das Gefühl der Unruhe und Klaustrophobie, weil sie die winzige Insel nicht verlassen konnte, und die Unterdrückung ihres unabhängigen Geistes. Inzwischen katalogisierte sie zwanghaft ihr Eigentum, fertigte endlose Listen mit Überschriften wie »künstliche Blumen«, »Schmuck«, »Hüte« und »Sommerkleider« an. Zweifellos brauchte sie ein anderes Ventil für ihren Intellekt.

Nach Adèles Krankheit im Jahre 1856 hatte Dr. Allix ihr verboten, Klavier zu spielen oder sich dem geringsten Streß auszusetzen; er hatte ihr zur schnelleren Erholung auch einen Tapetenwechsel empfohlen. Hugo weigerte sich, sie reisen zu lassen, und es dauerte eine Weile, bis Madame Hugo die Zustimmung ihres Mannes erlangte, Adèle erneut mit nach Paris zu nehmen – und das auch erst, als François-Victor einschritt. Sie reisten am 18. Januar 1858 ab und blieben bis Mai in der französischen Hauptstadt. Das Hauptziel ihres Besuches (so sah es zumindest Hugo) war es, einen Ehemann für Adèle zu finden.

Während dieser Zeit ließ Madame Hugo ihre Freundschaft mit Sainte-Beuve wieder aufleben (den Adèle »Onkel« nannte), und sie sahen einander oft. Sie schrieben sich auch häufig, und das Thema ihrer Korrespondenz war nicht selten die junge Adèle. Sainte-Beuve stimmte Madame Hugo zu, daß eine Veränderung notwendig war, und er ermutigte sie, Adèle im folgenden Winter für drei Monate nach Paris zu bringen. Mutter und Tochter konnten jedoch nicht die erforderliche Erlaubnis bekommen und blieben auf Guernsey. Erst im Mai 1859 erlaubte Hugo den beiden Frauen – und Charles –, die Kanalinsel zu verlassen. Dieses Mal war ihr Ziel London. Der Besuch sollte eigentlich nicht lange dauern, nicht mehr als ein paar Wochen, aber Madame Hugo schaffte es, ihren Aufenthalt über den ganzen Sommer auszudehnen. Im August stieß François-Victor zu ihnen. Das Quartett reiste erst am 6. September wieder nach Guernsey ab. Aber selbst dieser längere Aufenthalt im Ausland reichte weder dazu aus, wie Sainte-Beuve gehofft hatte, Adèle von ihrer Melancholie zu heilen, noch genügendes Interesse an anderen Männern in ihr zu wecken, damit sie Pinson vergaß.

Trotz ihrer abgrundtiefen Abneigung gegen die Ehe wurde es Adèle im Laufe der Jahre klar, daß die Aufgabe ihres jetzigen Status als »Mademoiselle Hugo« der einzige Weg war, der Gefangenschaft auf Guernsey zu entkommen. Aber sie weigerte sich standhaft, den ersten Besten zu nehmen, und war entschlossen, wie ihre Eltern, aus Liebe zu heiraten. Dagegen hatte die Familie keine Einwände, aber sie billigten nicht die Wahl ihres Gefährten, da sie glaubten, daß Pinson trotz gegenteiliger Behauptungen über wenig oder gar keine Mittel verfügte. Außerdem war er ein Engländer. Hugo verachtete England und hatte wenig für das englische Volk übrig. Es war undenkbar, daß seine Tochter einen solchen Menschen heiraten könnte. Aber Adèle war entschlossen, den Mann ihrer Wahl zu heiraten, ganz gleich, wie groß oder klein sein Ehrgeiz oder sein Einkommen war.

Im Jahre 1856 hatte Pinson begonnen, auf der Beförderungsleiter der Armee aufzusteigen. Da der Krimkrieg vorüber war, konnte er ohne Risiko von der Miliz zu einem Linienregiment überwechseln; es war das Sechzehnte Infanterieregiment, entweder als die *Old Bucks* (Alte Böcke oder Männer aus Buckinghamshire) oder die *Featherbeds* (Federbetten oder Männer aus Bedfordshire) bekannt. Durch eine Laune des Schicksals war es dem Regiment gelungen, alle größeren Schlachten des neunzehnten Jahrhunderts zu umgehen, einschließlich der Napoleonischen Kriege, des Krimkriegs und der Meuterei in Indien. Man hatte es stets an abgelegenen Orten des Britischen Reiches stationiert – wie z. B. auf Ceylon, Jamaika und in Kanada –, während die anderen Regimenter die Kriege ausfechten mußten. Das Regiment nahm an der Schlacht um Holländisch Guyana teil, wurde dann aber leider dazu ausersehen, die feuchte und mit Malaria verseuchte Festung der neuen Kolonie zu besetzen. Die Soldaten des Sechzehnten Regiments wurden mehrmals zu Einsätzen aufgerufen, aber bis sie ankamen, waren die Auseinandersetzungen schon wieder beendet, und brachten ihnen einen weiteren Spitznamen »die Friedensstifter« ein. (Nach 1881 wurde das Sechzehnte Infanterieregiment als das Sechzehnte Bedforshire Regiment bekannt. Es wurde später mit den Vierundvierzigsten »Footguards« zusammengezogen und heißt heute Drittes East Anglian Regiment.)

Pinsons Wahl war damals allseits beliebt. Es gab verlockende Anreize für neue Rekruten, sich dem Heer anzuschließen, hauptsächlich wegen des Krimkrieges, in dem Tausende von Offizieren und Soldaten getötet worden waren. Offiziere, die ein Patent gekauft hatten und in Ausübung ihrer Pflicht gefallen waren, wurden ersetzt durch neue Männer, von denen man den Kaufpreis nicht verlangte. Ebenso war es Befehlshabern erlaubt, jedes Jahr eine bestimmte Anzahl von Patenten als Auszeichnung zu vergeben oder sie Soldaten mit Beziehungen zu überlassen. Darüber hinaus wurde, wie Oberstleutnant Garnet Wolseley (der spätere Feldmarschall Viscount Wolseley) in seinen Memoiren *The Story of a Soldier's Life* (Die Geschichte eines Soldatenlebens) feststellte, »jedem Milizoffizier, der damals eine bestimmte Anzahl von Männern dazu bringen konnte, freiwillig an die Front zu gehen, ein Patent geschenkt.«[10]

In einem Brief vom 17. Februar 1856 empfahl der befehlshabende Milizoberst, Ferrars Loftus vom Dritten Bataillon, Pinson und drei andere Offiziere für ein Linienregiment.[11]

Dies genügte, um Pinson den Kauf eines Patents zu erlassen. Als Pinson in das Sechzehnte Regiment eintrat, war es gerade in Jamaika stationiert und wurde später nach Quebec versetzt. Die Aussicht, daß er auf unbestimmte Zeit so weit entfernt sein würde, verstärkte zweifellos Adèles Depression. Zum Glück mußte sie nicht lange auf Pinsons Rückkehr warten. Im darauffolgenden Jahr wurde das Regiment nach England zurückbeordert. Im Jahre 1858 ging Pinson nach Irland, um dem neugebildeten Zweiten Bataillon des Sechzehnten Regiments beizutreten. Es gelang ihm jedoch, diese Veränderung zu nutzen: Am 23. März 1858 wurde er zum Leutnant befördert, und obwohl es damals so üblich war, mußte er sich nicht einkaufen.

Es gab nur wenige nicht käufliche Offiziersstellen, und Pinson hatte zu warten, bis eine verfügbar war. Die Beförderung zum Leutnant erhöhte sein Gehalt auf 118 Pfund im Jahr. Es war nicht gerade ein Vermögen und trug wenig dazu bei, seine finanziellen Probleme zu lösen. Das Offiziersgehalt belief sich auf etwa die Hälfte dessen, was Staatsbeamte gleichen Ranges im britischen Kriegsministerium erhielten. Selbst gelernte Handwerker verdienten etwa 100 Pfund im Jahr. Ein wohlhabender Arzt kam auf 300 Pfund, und Mitglieder der Oberschicht konnten mit 500 Pfund bequem leben. Die meisten Offiziere hatten, da sie auch dem Adelsstand angehörten, private Einkünfte, womit sie ihren spärlichen Verdienst als Armeeangehöriger aufstocken konnten. Offiziere, die keine Patente kauften, verfügten selten über ein privates Einkommen, auch paßten sie nicht zum stereotypen Bild eines britischen Armeeoffiziers.

Pinson wurde Ausbilder für Musketiere und besuchte wahrscheinlich die Musketierschule in Hythe in Kent, die man im Jahre 1854 eingerichtet hatte; jedes britische Regiment schickte Soldaten dorthin, um sie als Scharfschützen ausbilden zu lassen. Aber Pinson hatte etwas anderes im Sinn. Im Zweiten Bataillon des Sechzehnten Regiments auf einem Kolonialposten zu sein, war kein besonders begehrter Posten, aber genau nach Pinsons Geschmack.

Seine Was-kostet-die-Welt-Haltung und seine Spielsucht, seine Vorliebe für Frauen und Pferderennen waren Eigenschaften, die Wolseley an einem untergebenen Offizier verachtete. Pinsons Eignung zum Soldaten war fragwürdig, aber nicht ungewöhnlich bei britischen Offizieren zu jener Zeit. Aldershot, eine Militärbasis, die Königin Victorias Gemahl Prinz Albert als

Trainingslager für Offiziere im Jahre 1856 gegründet hatte, war nach Wolseley nicht gerade ideal zum Lernen, sondern eher dazu geeignet, sich zu amüsieren. »Ich kann mit reinem Gewissen behaupten, daß ich dort nie etwas gelernt habe, oder gar von einem Regimentsoffizier gehört hätte, dem es anders ergangen wäre.« – »Im Lager«, fügte er hinzu,

> ging es damals ziemlich rüpelhaft zu. Eine beträchtliche Anzahl von Offizieren ging jeden Nachmittag in die Stadt, um sich zu amüsieren, und kam mit dem Frühzug am nächsten Morgen zurück, so daß sie rechtzeitig zur Parade da sein konnten...
>
> Es ging bis spät in die Nacht hinein, und die Abende in unserem Kasino endeten häufig mit einem Angriff auf die Unterkunft eines der vier Neuzugänge, die nicht gerade besonders viel Ehrgeiz zeigten, sich wie Gentlemen im Offiziersrang zu benehmen.

»Diese vier Fähnriche«, fuhr Wolseley fort, »taugten nicht im geringsten zum Offizier, und wir sind sie bald losgeworden.«[12] Vielleicht hatte er Pinson gemeint, der sich wegen seiner Zimperlichkeit bald die Abneigung seiner Waffenkameraden zuzog.

Da Adèle alles durch die rosarote Brille der Liebe sah, war es ein Leichtes für sie gewesen, die Fehler ihres zögerlichen Liebhabers zu übersehen. Ihre Blindheit gegenüber seiner dunklen Seite ist erstaunlich, bedenkt man nicht nur ihre hartnäckig verteidigte Selbständigkeit, sondern auch ihre beträchtliche Erfahrung in Herzensangelegenheiten. Selbst die kurze Zeit mit Clésinger war das reinste Vergnügen im Vergleich zu den Herzensqualen, die Pinson ihr bereitete; sie mußte notgedrungen zugeben, daß die augenblickliche Situation vom Ideal weit entfernt war: »Wenn Albert mich nicht glücklich macht, will ich ihn nicht mehr lieben.«[13]

Aber es war nicht so einfach, sich Pinson aus dem Herzen zu reißen, und ihr Entschluß, die Liaison zu beenden, schwand bald dahin. Sie schrieben einander oft und trafen sich im Jahre 1859, als er in Brighton auf Urlaub war, und noch einmal im folgenden Jahr.

Nach etlichen Jahren in Irland zog Pinsons Regiment im April 1861 in das berüchtigte Aldershot. Für Adèle war das eine gute Nachricht. Die Lagerdisziplin war entschieden lasch, und sie konnte Pinson in Südengland auch leichter erreichen. Im Mai 1861 gelang es Adèle, dem wachsamen Auge des Vaters zu entschlüpfen und die Liaison fortzuführen, an der sie immer festgehalten hatte.

Es war nicht leicht für sie zu entkommen. Im Februar war Madame Hugo zu einer langen Reise nach Paris aufgebrochen, und Adèle sollte zu einem späteren Zeitpunkt ihre Mutter in Paris oder Brüssel treffen. Aber statt dessen reiste Adèle in Begleitung ihres treuen Dienstmädchens Rosalie ohne Vorwarnung zur Isle of Wight ab. Sie ließ zunächst niemanden ihren Aufenthaltsort wissen, und als sie ihn später kundtat, rief dies große Bestürzung bei der Familie hervor. Adèles eigentliches Ziel war es, Pinson zu sehen, der weniger als hundert Kilometer entfernt stationiert war. Obwohl es dem Paar gelang, sich zu treffen, schaffte es Adèle wieder nicht, Pinson ein Heiratsversprechen abzuringen.[14] Adèles List war von kurzer Dauer; ihr Täuschungsmanöver wurde aufgedeckt, und man zwang sie, nach Hause zurückzukehren. Dort machte man ihr klar, daß sie durch ihr Verschwinden die Familie entehrt hatte. Seitdem überwachten ihre Eltern sie auf Schritt und Tritt, denn sie wollten um jeden Preis verhindern, daß ihre Tochter noch einmal entschlüpfte. Adèle durfte das Haus unter keinen Umständen allein verlassen; sie hatte zu Recht das Gefühl, wie eine Gefangene gehalten zu werden. Weit davon entfernt, sich angemessen reuig zu zeigen, war sie nur noch entschlossener, sich vor dem zu retten, was sie für ein Sklavendasein hielt. Es war der Augenblick, wo sie die fatale Entscheidung traf, um jeden Preis mit Pinson zusammensein zu wollen.

Pinson blieb bis Dezember beim Sechzehnten Regiment in Aldershot. Zu Weihnachten besuchte er die Hugos auf Guernsey. Inzwischen war es Adèle gelungen, die Anglophobie ihres Vaters zu besiegen, und erreichte seine Zustimmung zur Heirat mit Pinson. Ihrer Hauptwaffe hatte ihr Vater nicht widerstehen können: das geschriebene Wort. Am 20. Dezember 1861 schrieb Adèle ihrem Vater den folgenden Brief, in dem sie ihn daran erinnerte, wie er sich auch Léopoldines Heirat widersetzt hatte, die, so kurz sie auch war, sich als unendlich glücklich erwies:

> Ein anderes Mal haben Sie sich einer anderen Heirat widersetzt, und Ihr Schwiegersohn brachte Ihrer erstgeborenen Tochter die wunderbare Mitgift einer großen Liebe. Sie hatten überdies gesagt, ›traurige Heirat, armselige Heirat‹, Sie verachteten diesen edlen, jungen Mann, und dann haben Sie eines Tages bekannt, daß Sie stolz seien, denn dieser undurchsichtige junge Mann war die Hingabe in Person. Der undurchsichtige junge Mann, den Sie heute verachten, könnte der Mut selbst sein.

Adèles zu Herzen gehender Appell verfehlte nicht seine Wirkung. Hugo schrieb in sein Tagebuch: »Ich habe von meiner Tochter einen wunderbaren Brief erhalten. Ich gebe meiner Tochter 50 000 Franc als Mitgift.« [15]

Aber an Pinsons mangelndem Engagement gegenüber Adèle hatte sich nichts geändert; er bat Victor Hugo nicht um die Hand seiner Tochter, so sehr sie auch drängte. Hugo dachte offenbar, er stimme der formellen Verlobung seiner Tochter mit Pinson zu – er empfing Pinson offiziell am Weihnachtstag in Hauteville-Haus –, jedoch am 26. Dezember reiste Pinson nach

England ab. Es hätte für jedermann offensichtlich sein müssen, daß Pinson schon lange aufgehört hatte, sich ernsthaft um Adèle zu bemühen. Ihr hektisches Verhalten und ihre groben Versuche, ihn zu beherrschen und in die Ehe hineinzutricksen, hatten beträchtlich dazu beigetragen, ihn für alle Zeiten abzuschrecken. Aber es gab noch einen anderen Grund für sein Zögern: Er hatte gerade erfahren, daß sein neu geschaffenes Bataillon zu seinem ersten Einsatz in die Kolonien nach Halifax, Nova Scotia, geschickt werden sollte.

Das Regiment hatte den Auftrag, bei der Trent-Affäre einzugreifen. Zu dem Vorfall war es durch die amerikanische Fregatte *San Jacinto* gekommen, die ein britisches Postschiff, die *Trent*, zum Halten gebracht und zwei Konföderierten-Agenten mitgenommen hatte. Es folgte eine diplomatische Krise. Die Beziehungen zwischen den Vereinigten Staaten und Großbritannien waren äußerst gespannt, und die britischen Streitkräfte mußten sich bereit halten, wobei Verstärkungen nach Halifax, Toronto, Montreal und andere Orte in Garnison gelegt wurden.

Selbst Wolseley, der Regimentskommandeur, war nur ungenau über den Aufruf informiert; im Spätherbst des Jahres 1861 weilte er gerade bei seiner verheirateten Schwester in Irland, als er ein offizielles Telegramm bekam. Ein paar Tage später war er in England, und am 7. Dezember brach sein Schiff, die *Magdalena*, bei rauher See, »die sich berghoch türmte«, nach Halifax auf. Der Winter war nicht gerade die beste Zeit, um den Atlantik zu überqueren, wie selbst Wolseley mit dem eisernen Magen bemerkte:

> Ich kann mich nicht erinnern, jemals auf einem Meer gesegelt zu sein, das zorniger und für den Geschmack einer Landratte haßerfüllter aussah. Ein paar von uns »alten Seebären« nahmen unsere Mahlzeiten ein, so gut wir konnten, indem wir uns mit einer Hand festhielten und mit der anderen aßen; aber in der Regel war fast jeder seekrank. Am

Nachmittag des 16. verloren wir den Geleitzug aus den Augen, und obwohl wir am Tag Gewehrsalven abschossen und bei Nacht blaue Leuchtfeuer anzündeten, haben wir ihn während der Reise nie wieder gesehen.

Das Wetter wurde immer schlechter, und wir fühlten uns immer mieser. Das Essen war gräßlich, es zu kochen noch schlimmer.[16]

Die elende Reise dauerte neunundzwanzig Tage lang; schließlich landete das Schiff am 4. oder 5. Januar 1862 in Halifax. Für die Offiziere an Bord – Pinson war nicht darunter – war es eine Gelegenheit zum Feiern. Es wurde ihnen im Halifax-Hotel ein großartiges Abendessen von den Offizieren spendiert und vom Besitzer Henry Hesslein zubereitet. Laut *Evening Express* »setzte sich die Gesellschaft gegen sieben Uhr zu Tisch, um ein hervorragendes Mahl à la Hesslein serviert zu bekommen; alle Anwesenden schienen sich gut zu amüsieren.«[17]

Vielleicht ging Pinson davon aus, was gut zu verstehen gewesen wäre, daß seine neue Stationierung auf der anderen Seite des Atlantischen Ozeans – die mindestens vier Jahre dauern würde – das Ende dieser einseitigen Affäre bedeuten würde. Er täuschte sich. Am 15. Januar 1862 kamen Pinson und ein anderer Offizier, namens Leutnant Davies, eine Woche nach dem übrigen Bataillon in Halifax an. Die Reise mitten im Winter muß besonders anstrengend gewesen sein, da es weitere drei Monate dauerte, bis einer der Neuankömmlinge aufgefordert wurde, seine offiziellen Pflichten zu übernehmen. Es gab in der Tat nicht viel für sie zu tun, trotz des amerikanischen Bürgerkrieges, der im Süden wütete. Auch die Trent-Affäre war alles andere als beigelegt.

Um der Krise Herr zu werden, waren im Februar 1862 so viele Truppen in das britische Nordamerika gesandt worden, daß die Halifax-Garnisonen überbelegt waren, obwohl seit 1860 die neue Wellington-Kaserne zur Verfügung stand. Um den neuangekommenen Soldaten Platz zu machen, wurden die Truppen vom Sechzehnten aus der düster-feuchten Halifax-Zitadelle (im Jahre 1856 vollendet und für Verteidigungszwecke schon veraltet) in ein angemietetes Eisenbahngebäude am nördlichen Ende der Stadt verlegt. Die Offiziere des Sechzehnten traf es sogar noch härter: Sie wurden auf dem unglaublich naßkalten Wrack Pyramus untergebracht, das in der Nähe der Georg-Insel im Hafen von Halifax vor Anker lag.

In der Heimat hätte die schwermütige Adèle alles darum gegeben, das großartige Haus ihres Vater gegen das Leben im Ausland auf einem Schiffswrack eintauschen zu können – ganz gleich, ob Pinson darauf war oder nicht. Die Monate vergingen, Adèle alterte sichtlich, und die Vermutung, sie könnte eine alte Jungfer werden, begann ihr das Leben schwer zu machen; Hugo empfand es als immer dringlicher, seine Tochter unter die Haube zu bringen, bevor es zu spät war, denn sie hatte das übliche Heiratsalter schon längst überschritten. Adèle dagegen war immer entschlossener, sich nicht seinem Willen zu beugen.

Die Drohung einer erzwungenen Heirat wurde zusehends Wirklichkeit. In den letzten elf Jahren hatten sich fünf Bewerber im Hauteville-Haus vorgestellt, die Adèle nicht eingeladen hatte und die auch nicht erwünscht waren. Sie hatte sie, wie die Ehe an sich, damals höchst abscheulich gefunden. Sie gehörten zwar zu den vorzeigbarsten Männern ihrer Zeit mit Vermögen, Adelstiteln und solidem Ruf in der Literatur, Geschäftswelt und anderen Bereichen. Aber in ihren höflichen und schmeichlerischen Reden war nichts, was auf die Art leidenschaftliches Leben hingedeutet hätte, nach dem Adèle sich sehnte. Und danach sehnte sich Adèle. Sie hatte den deutlichen Eindruck, daß sie dem Meistbietenden verkauft werden sollte, und das lehnte sie entschieden ab. Wenn sie einen von ihnen heiratete, entsprach dies, wie sie genau wußte, dem Wunsch des Vaters, zwei mächtige und bedeutende Familien miteinander zu vereinen; die Frage ihres eigenen Glücks wäre nur zweitrangig.

Am 2. Juni 1863 lehnte Adèle einen weiteren Heiratsantrag ab; es war der zweite Versuch des italienischen Dichters Tommasso de Cannizzaro aus Messina. Er hatte ihr am 4. Mai schon einmal einen Antrag gemacht, nachdem er sie im Februar, während er als Gast im Hauteville-Haus weilte, kennengelernt hatte. Ihre Weigerung, die für die verwirrte Familie unbegreiflich war, belastete die schon drückende Atmosphäre im Hauteville-Haus noch mehr. Hugo machte seiner Tochter klar, daß sein Ruf von ihr abhing; sie brauchte nur ihre Pflicht zu erfüllen und zu heiraten, dann wäre sie für immer dieser Verantwortung enthoben. Am 3. Juni notierte Victor Hugo einen beunruhigenden Fund. Adèle schien irgend etwas auszubrüten: François-Victor hatte einen Koffer voller Kleidung und Dokumente entdeckt. Offensichtlich stand Adèles Entschluß fest, zu Pinson nach Halifax zu fahren, obwohl sie ihren zögerlichen Liebhaber seit achtzehn Monaten nicht gesehen hatte. Für sie stellte Pinson die einzige Hoffnung auf Freiheit und Glück dar.

In Adèles Vorstellung war es der Widerstand ihres Vaters, der ihrer Ehe mit Pinson im Wege stand. Im Mai und Juni 1863 verfaßte Adèle einen neun Seiten langen, bitteren Brief an ihren Vater in dem Versuch, ihn umzustimmen. Pinson, schrieb sie, war nur in die Armee eingetreten, um ein sicheres Einkommen und die Mittel für eine Heirat zu haben. Sein Onkel (wahrscheinlich Oberstleutnant Albert Pinson, der Einfluß auf Pinsons Militärlaufbahn genommen hatte) war alt und krank und würde bei seinem Tod, der sicherlich die nächsten Jahre eintreten würde, Pinson 10 000 Franc hinterlassen.

Adèles Argument stimmte nicht ganz: Nach ihrer anfänglichen Zurückweisung hatte Pinson nie förmlich um sie gefreit und ihren Vater um die Erlaubnis gebeten, sie heiraten zu dürfen. Doch ließ sie in dem Brief eine Warnung anklingen, wie weit sie gehen würde, um ihren Liebhaber einzufangen. Sie blieb unbeachtet, bis es zu spät war:

> Wenn Sie diese Heirat aufschieben oder vereiteln, wissen Sie, welcher Situation Sie mich da aussetzen? Sie setzen mich und uns Situationen aus, die mehr als schmerzlich sind. Sie würden das Leben weit mehr durcheinanderwirbeln, als es meine jetzige Heirat täte. Hier bin ich getrennt, verheiratet, ohne verheiratet zu sein, die Jahre werden vorübergehen, diese Abwesenheit mag lange dauern, man kann nicht lange warten zu einem Zeitpunkt des Lebens, den ich erreicht habe. Und ich würde jeden Freier um dieses fiancé willen ablehnen, der abwesend und weit weg ist (eine absolute Notwendigkeit), ich würde nie einen anderen Mann heiraten.[18]

Adèles Brüder, die weitaus größere Freiheiten als sie hatten, schcinen für ihre Misere wenig Mitgefühl aufgebracht zu haben, obwohl auch sie aus ihren Gefühlen über das eingeschränkte und öde Leben auf Guernsey kaum einen Hehl machten. Auf der Stelle berichteten sie ihrem Vater von Adèles »Übertretungen«, wie z. B. dem gepackten Koffer. Obwohl man ihr auf die Schliche gekommen war, hielt die entschlossene junge Frau nichts mehr davon ab, am 18. Juni das zu tun, wovon sie schon lange geträumt hatte. Sie machte sich auf und davon. Sie glaubte den Geist der toten Léopoldine auf ihrer Seite und bemerkte in ihrem geheimen Tagebuch:

> Für eine junge Frau, die so weit versklavt werden konnte, daß es ihr verwehrt war, für fünf Minuten allein hinauszugehen, um eine Zeitung zu kaufen, ist es eine unglaubliche Tat, über das Meer zu spazieren, über das Meer zu fliegen, sich von der alten Welt in die neue zu begeben, um zu ihrem Liebhaber zurückzukehren. Ich werde das Unglaubliche tun.

Adèle Hugo

Da sie angeblich unbedingt nach Paris fahren mußte, um sich mit ihrer Mutter zu treffen, reiste Adèle in der Gesellschaft anderer Guernsey-Bewohner, Madame Evans' und ihrer Familie, ab. In Wirklichkeit war Adèles Ziel nicht Paris, sondern Weymouth in England.[19] Sie hatte seit Monaten darüber gebrütet und einen genauen Plan ausgearbeitet. Dazu gehörte auch, zur Sicherheit den Schmuck ihrer Mutter mitzunehmen. Sie wußte, daß sich die Familie nicht lange täuschen ließ, aber bis ihr eigentliches Ziel entdeckt wäre, hätten die Augustferien begonnen. Die Familie würde überall in Frankreich und Belgien zerstreut sein, und es würde einige Zeit dauern, bis eine klare Verständigung hergestellt wäre. Dies, so wußte sie, würde für soviel Aufschub sorgen, daß sie unangefochten in Halifax ankommen und Pinson ausfindig machen konnte. Sie rechnete damit, innerhalb weniger Tage verheiratet zu sein und sich damit allen Vorwürfen ihres Vaters zu entziehen.

Sie wurde schnell vermißt, als sie in Paris nicht auftauchte. Einen Tag später begann sie, ihre ausgeklügelte Geschichte an François-Victor weiterzugeben, der wiederum seiner Mutter und der übrigen Familie schrieb:

> Liebe Mutter, nach sechsundzwanzig Stunden Todesängsten haben wir endlich einen erklärenden Brief von Adèle erhalten. Der Brief ist kurz. Sie teilt uns mit, sie habe eine Einladung von Madame Lester bekommen, die in der Nähe von Hampton Court wohnt, und sie sei abgefahren, ohne Bescheid zu geben, um die Diskussionen zu vermeiden, die die simpelsten Dinge hier hervorrufen.[20]

Adèle und François-Victor waren sich als Kinder sehr nahe gewesen, und ihr Lieblingsbruder hatte bei den Unstimmigkeiten mit ihrem Vater oft zur ihren Gunsten eingegriffen, vor allem, wenn Adèle ihre Mutter ins Ausland begleiten wollte.

Jetzt zog sie in einem Brief, den sie von England aus schickte, François-Victor teilweise ins Vertrauen. Sie gab an, daß ihr Leben auf Guernsey unerträglich geworden war, beklagte ihren Mangel an Freiheit und übte sogar Kritik an den jährlichen Reisen mit ihrer Mutter – vor denen Madame Hugo ja jedesmal eine taktische Schlacht schlagen mußte, um die Zustimmung ihres Mannes zu gewinnen.

Adèle behauptete, sie werde Pinson auf Malta treffen, ein weiteres Täuschungsmanöver, und bat ihren Bruder um Unterstützung; der Vater sollte keine Informationen erhalten. François-Victor brauchte ihre Abwesenheit nur damit zu erklären, daß sie beschlossen hatte, auf Einladung der Familie fünf Wochen bei ihrer Freundin Miß Lester zu verbringen. Bis dahin (so sagte sie) würde sie mit Pinson wieder in England sein, der dann bereit sein würde, sie zum Altar zu führen. Sie wagte es sogar, ihrem Vater zu schreiben; Hugo notierte ordnungsgemäß in sein Tagebuch, Adèle halte sich bei Miß Lester auf, in der Nähe von Hampton Court – und sie habe die Absicht, sich mit Pinson zu treffen.

In Wirklichkeit hatte Pinson keinerlei Zusage gegeben, Adèle zu heiraten, zumindest nicht in letzter Zeit, auch hatte er sie nicht nach England oder Malta eingeladen – und schon gar nicht nach Halifax. Doch Adèle war entschlossen, um jeden Preis ihr altes Leben aufzugeben. Sie hielt sich an ihre erfundene Geschichte und tat alles, um ihre Spuren zu verwischen. Da sie ja wußte, daß Pinson in Halifax weilte, buchte Adèle eine Fahrt nach New York auf dem riesigen 25-Tonnen-Schiff, der *Great Eastern.*

Genau wie Adèle vorausgesehen hatte, dauerte es lange, bis die Familie herausfand, was sie wirklich vorhatte. Die Familie war genau im Bilde über Pinsons Abreise nach Halifax, da er es ihnen ja bei seinem letzten Besuch im Dezember erzählt hatte, aber es war Mrs. Milner-Gibson, die langjährige Familienfreundin in London und Ehefrau eines Parlamentsmitglieds, die Adèle in einem Brief an die Eltern verriet. Adèle hatte sie ins Vertrauen gezogen. Am 30. Juni 1863 läutete die erste Alarmglocke: Adèle war nicht nach Malta gefahren, informierte die Frau den erschrockenen Hugo; sie war in Halifax. Mrs. Gibson, die Verbindungen zum Kriegsministerium hatte, würde sich später als eine wichtige Informationsquelle für die Truppenbewegungen in den Kolonien und als eine wertvolle Verbündete der Hugos erweisen, um eine Strategie für Adèles Rückkehr entwickeln zu können.

Hugo war, wie vorauszusehen war, entsetzt. Er konnte nicht begreifen, warum seine Tochter diesem Pinson auf eine so lächerliche Weise nachlief, vor allem, wo er ihr doch klar gemacht zu haben meinte, daß er, wenn auch zögernd, der Heirat zustimmen würde. Hatte er sich nicht bereit erklärt, Adèle eine Mitgift von 50 000 Franc als einen Vorschuß auf ihr Erbe zu gewähren? Hugo war jetzt klar geworden, woher der Widerstand gegen diese Ehe kam; er mußte von Pinson selbst stammen. Hugo erinnerte sich an Pinsons Bemerkung, ein vierzehnjähriges Mädchen heiraten zu wollen. »Hat er schon eine Familie? Eine Frau? Eine Geliebte? Hat er Kinder?« Der Vater Hugo – und der Schürzenjäger Hugo – stellte sich diese bohrenden Fragen. Adèle war, ging es ihm durch den Kopf, verzweifelt genug, um sozusagen alles zu tun, um Pinson dazu zu bringen, sie zu heiraten. Er schrieb an seine Frau:

> Es wäre wirklich unannehmbar, wenn sie versuchte, den Mann gegen seinen Willen zu heiraten. Ich fürchte, daß es da vielleicht irgendein latentes Problem gibt, das aufgedeckt werden wird. Wie anders kann man Adèles unglaubliches Benehmen erklären? Ich selbst hatte eingewilligt und alles akzeptiert. Kommt der Widerstand nicht von der anderen Seite? Wie kann dann Adèle … ihm so hartnäckig nachlaufen?[21]

Am 2. Juli 1863 kehrten Madame Hugo und Charles (der seit dem Herbst des Jahres 1861 in Brüssel gelebt hatte) von Paris nach Guernsey zurück, aber man konnte nichts tun. Hugo bekam einen seiner berühmten Tobsuchtsanfälle, und im Laufe der Zeit gingen die meisten Familienmitglieder auf Distanz. Charles brach schon zehn Tage nach seiner Ankunft am 12. Juli wieder zum Kontinent auf; Madame Hugo verweilte noch bis zum 13. August. Zwei Tage später fuhr Hugo mit Juliette Drouet in seinen Jahresurlaub. »Mein Vater ist voller Gleichgültigkeit gegenüber Adèle«, schrieb François-Victor[22], nicht ohne Mitgefühl, denn Hugo weigerte sich hartnäckig, die Gründe für Adèles Abreise zu begreifen. Doch Madame Hugo hatte ihren Mann viele Male wegen Adèles Niedergeschlagenheit gewarnt und vertraute anderen an, wie sehr Adèle sich selbst aufgeopfert hatte. Nur sie verstand die Beweggründe ihrer Tochter:

> Ich habe die glücklichen Tage mit meinem Mann geteilt, ich teile seine schwere Prüfung mit ihm. Was ist natürlicher? Es ist das alleinige Verdienst meiner Tochter, und es ist um so größer, da sie sich dessen nicht einmal bewußt ist. Mein liebes und edles Kind schenkt ihre besten Jahre dem Exil ... In einer außergewöhnlichen Situation hat Gott uns in der harten Verbannung ein außergewöhnliches Geschöpf geschenkt.[23]

Da Adèle um jeden Preis den Unbilden des Lebens auf Guernsey entfliehen wollte, hatte sie sich in der Tat ein Exil ausgesucht, das schwieriger war als das, was ihr Vater für sich und seine Familie im Jahre 1852 wählte. Damals hatte ihr Vater das Schicksal des Verbannten beklagt; es hätte ebensogut seine Tochter gemeint sein können:

> Ein Mann, der so ruiniert ist, daß er nur mehr seine Ehre hat, so fallengelassen, daß er nur mehr sein Gewissen hat, so

> isoliert, daß er nur mehr seine Gerechtigkeit hat, so geschmäht, daß er nur mehr die Wahrheit auf seiner Seite hat, so weit weg in die Dunkelheit geworfen, daß er ihm nur die Sonne geblieben ist, ein solcher Mann ist ein Verbannter.[24]

Victor Hugo schaffte es nicht zu erkennen, daß seine Tochter, die trotz der Abweisung entschlossen war, nicht von dem geliebten Mann zu lassen, in Wirklichkeit denselben einsamen Weg gewählt hatte. Aber anders als ihr Vater würde Adèle nie erfahren, wie es ist, sich in der Wärme öffentlicher Bewunderung zu aalen, Fans zu haben, die in Scharen an ihre Tür klopfen, um sie zu sehen, oder einfach nur die herzliche, bedingungslose Unterstützung einer treuen Familie und von Freunden zu genießen. Adèle war tief in die Dunkelheit aus Einsamkeit, Ablehnung und Enttäuschung gestürzt; ihr blieb nichts, nicht einmal die Sonne.

Eine gefährliche Liebschaft

Halifax, 1863–1864

> Die liebeskranke Adèle fuhr also auf der »Great Eastern« nach New York, und von dort aus weiter nach Halifax, wo sie sich als »Miß Lewly« in dem alten Halifax Hotel in der Hollis Straße eintrug. Hier erlitt sie eine bittere Enttäuschung.
>
> *Dartmouth Free Press*[1]

Es war Ende Juli 1863. Adèle Hugo schickte sich an, das New Yorker Postschiff zu verlassen, das sie nach Halifax gebracht hatte, ihr langersehntes Ziel. Es wimmelte im Hafen von Hafenarbeitern und Schauermännern, die Schiffe verschiedenster Bauart beluden und entluden – Dampfer, Briggs und Schoner. Lagerhäuser aus Stein und in bunten Farben gestrichene Holzhäuser säumten die Straßen der behelfsmäßig gebauten Hafenstadt. Am 28. Juli war Adèles dreiunddreißigster Geburtstag. Die Reise bis Nova Scotia hatte fast einen Monat gedauert, einschließlich der Unterbrechung in New York Mitte Juli. Dort hatte Adèle sofort für das nächste Postschiff nach Halifax gebucht, das zweimal in der Woche fuhr. Und von dort schrieb sie ihrer Familie, um sie über ihr Täuschungsmanöver aufzuklären. Adèle ahnte nicht, daß man über ihren jetzigen Aufenthaltsort bereits in Kenntnis gesetzt worden war und auch ihre Vorhaben kannte; natürlich fand die Familie töricht, was sie tat.

Adèle erwartete von niemandem, nicht einmal von ihren Brüdern, Verständnis für ihren Entschluß, das bequeme Zuhause, einen berühmten und reichen Vater und ein unkompliziertes Leben gegen diesen winzigen Außenposten eintauschen zu wollen. Nur ihre Mutter würde versuchen, ihre Beweggründe zu verstehen, denn auch Madame Hugo trug die tiefen Narben einer unerfüllten Liebe, die aus den Jahren der heimlichen Zärtlichkeiten mit Charles Sainte-Beuve stammten. Adèle wußte, daß ihr Vater sich nicht einmal die Mühe machen würde, ihr Vorgehen zu verstehen. Für ihn war sie eine Verräterin, die ihn mit ihrem Wunsch nach Selbständigkeit und einem selbstgewählten Ehemann verraten hatte. Adèle wollte nichts weiter, als sich wie ihre Brüder vom Einfluß des dominierenden Vaters zu befreien; aber sie war gezwungen, dafür bis nach Halifax zu fahren. Nach zwanzig Monaten des Nachdenkens konnte sie Pinson ein Angebot machen, von dem sie meinte, er könne es nicht ablehnen. Ihre neunjährige Beziehung sollte ihren krönenden Abschluß finden. Es schien von geringer Bedeutung zu sein, daß sie ihre Familie belogen hatte. Im Augenblick zählte nur das eine Ziel: Sie mußte Pinson zurückerobern.

Adèle erschien alles völlig logisch. Ihr Vater hatte nach etlichem Hin und Her endlich ihrer Ehe mit Pinson zugestimmt. Er würde sie mit einer großzügigen Mitgift ausstatten, ebenso mit einer monatlichen Zuwendung, die ihr und Pinson ein angenehmes Leben ermöglichen würde. Adèle hatte keine Einwände gegen ein Leben an fernen Armeeposten. Je weiter sie von Guernsey weg war, um so besser. Sie konnte durch ihre zahllosen Verbindungen dafür sorgen, daß Pinson Zugang zur vornehmsten Gesellschaft bekam, Respekt genoß und ihm Unterstützung gewährt würde, wann immer er sie brauchte, ganz zu schweigen von dem Geld, das ausreichen würde, um sich Beförderungen bis zum Oberstleutnant zu kaufen. Als Gegenleistung erwartete sie von Pinson nicht mehr, als daß sie schreiben und komponieren und ihren eigenen Intellekt zum Zuge kommen lassen, also ihre Selbständigkeit behalten konnte ohne die Einmischung ihres Vaters mit seiner theatralischen Herrschsucht. Es schien ein ganz einfacher Handel zu sein, zum höchsten Nutzen der Karriere des

Leutnants, seiner Brieftasche und seines gesellschaftlichen Ranges. Für Adèle war das Leben mit dem Mann, den sie liebte, wie beschwerlich die Umstände auch sein mochten, eine weitaus bessere Aussicht als alles andere, was der Vater für sie vielleicht arrangieren würde. Sie übersah eine simple Tatsache: Pinson liebte sie nicht und wollte sie nicht heiraten.

Adèles Ankunft in Halifax blieb trotz der allgemeinen Geschäftigkeit nicht unbemerkt. Ihre Kleidung war modisch und teuer, an einen derartigen Anblick waren die Bewohner der Stadt nicht gewöhnt, und ihr volles schwarzes Haar war in einem kunstvollen Knoten gebändigt und von einer raffinierten Haube gekrönt. Sie war so davon besessen gewesen, Pinson wiederzusehen, daß sie gar nicht darüber nachgedacht hatte, wo sie wohnen und wie sie dorthin gelangen würde. Auch war ihr die englische Sprache nicht mehr ganz geläufig, die sie so unterhaltsam mit J. Rose in Jersey geübt hatte. Ihre Verwirrung fiel dem Droschkenkutscher Thomas O'Brien auf, der sie und ihr Gepäck geschwind aufgriff und zum Halifax Hotel fuhr. Obwohl Adèle es nicht gewohnt war, allein zu reisen, hätte sie ja doch einen Gedanken daran verschwenden können, wo sie wohl wohnen würde; die anderen Passagiere des Postschiffes hätten ihr Empfehlungen geben können. Aber da Adèle nicht vorgesorgt hatte, befand sie sich nun in der Obhut Mr. O'Briens.

Das teure Halifax Hotel war eigentlich die einzige Unterkunft, die für eine Frau ihres Standes in Frage kam. Im Jahre 1863 war es ständig mit Amerikanern besetzt, die in großem Stil das Ende des Bürgerkrieges abwarteten. Adèle erkannte schnell, daß ihr schmales Budget für die Kosten des Halifax Hotels nicht ausreichen würde, wenn sie nicht ganz schnell ihren Plan verwirklichte. Sie war vorsichtig genug, sich unter einem anderen Namen einzutragen und nannte sich Miß Lewly. Selbst an diesem verlorenen Kolonialposten könnte der Name Hugo bekannt sein.

Das Halifax Hotel, 1891

Adèle hatte keine Ahnung, wie sie Pinson finden sollte. Zum Glück konnte sie dem Französisch sprechenden Manager des Hotels, dem Schweizer Henry Hesslein, ihre Geschichte erzählen – zumindest die Version, die ihrer Meinung nach einigermaßen glaubhaft klang. Adèle erklärte, sie sei gekommen, ihren Vetter zu suchen, einen Offizier im Sechzehnten Infanterieregiment. Zu jener Zeit quoll die Stadt von Soldaten und Offizieren über, und die immer knappen Unterkünfte platzten aus allen Nähten. Hesslein, der die Situation in der Stadt kannte und wußte, daß die Suche schwierig war, schickte sie zu einem Anwalt namens Peter Lenoir, der Französisch sprach und dessen Büro in der Nähe lag. Wenn überhaupt irgend jemand wissen konnte, wo Miß Lewlys Vetter zu finden war, dann würde es Lenoir sein.

Adèle befolgte Hessleins Rat und begab sich zu Lenoirs Büro im Parterre des Hauses 197 in der Hollis Street. Hesslein hatte recht, denn Lenoir war tatsächlich schnell in der Lage, ihr zu sagen, wo sie Pinson finden konnte. Die Soldaten und Offiziere des Sechzehnten Regiments waren in der neuen Wellington-Kaserne untergebracht, einige Kilometer entfernt am nördlichen Stadtrand. Als Adèle vorschlug, sich noch am selben Tag zu Fuß auf den Weg zu machen, ging ein Ausdruck des Entsetzens über Mr. Lenoirs Gesicht. Halifax, erklärte er, war ein Seehafen und nicht gerade geeignet, um eine Dame allein durch die äußerst gefährlichen Straßen spazieren zu lassen. Um zur Kaserne zu gelangen, würde sie die Barrack- und Albermarle-Straßen überqueren müssen, zwei der wüstesten in der Stadt. Adèle wollte sich von ihrem Plan nicht abbringen lassen. Sie war schließlich von sehr weit hergekommen, aber sie sah ein, daß sie kompromißbereit sein mußte. Sie beschloß, Pinson erst einmal zu schreiben.

Wieder in ihrem Zimmer, kritzelte Adèle hastig ein paar Zeilen an den Mann, den zu sehen sie zwei Jahre lang gewartet hatte. Sie schickte auch schnell noch einen Brief an ihre Eltern und informierte sie, daß sie in Begleitung ihrer Freundin Miß Lewly in Halifax angekommen sei. Dann wartete sie auf Pinsons Antwort. Aber sie kam nicht. Sein Schweigen bestärkte Adèle nur in ihrem Entschluß, ihn zu erreichen. Sie sandte einen weiteren Brief, in dem sie weitschweifig ihre Anwesenheit in Halifax und den Vorteil einer Heirat für sie beide erklärte, und wiederholte, daß sie ihn ewig lieben und achten werde. Dieses Mal antwortete Pinson; auf brutale Weise machte er ihr seine Einstellung zu der Angelegenheit klar. Er würde nicht nur ihre Bedingungen ablehnen, sondern er weigerte sich auch, sie zu heiraten oder irgend etwas mit ihr zu tun zu haben.

Pinsons Ablehnung war mehr als ein Schlag ins Gesicht. Adèles weitere Freiheit hing nun ironischerweise von ihrer Heirat ab. Wenn Pinson seine Rolle nicht spielen wollte, würde sie keine andere Wahl haben, als ins Hauteville-Haus und zu den endlosen Vorwürfen ihres Vaters zurückzukehren. Aller Wahrscheinlichkeit nach würde sie für immer auf der öden Insel gefangen sein, buchstäblich hinter Schloß und Riegel, damit gesichert war, daß sie nicht noch einmal zu entkommen versuchte. Sie mußte Pinson davon überzeugen, daß ihre Vereinigung ihn keinesfalls in seiner Freiheit behindern würde, daß sie ihm extravagante Kleidung verschaffen könnte, die er so liebte; auch reichlich Taschengeld würde er bekommen, und sie würde ihm zu allem verhelfen, was sein Herz begehrte.

Adèle wußte, daß sie sich lächerlich machte, aber sie war schon zu weit gegangen, es gab kein Zurück. Sie schwor, in Halifax zu bleiben, bis sie Madame Pinson wurde. Am 4. August 1863 bestätigte sie der Familie erneut ihre Ankunft in Halifax. Unterdessen hatte beim Vater der Zorn die Oberhand gewonnen, und wie er François-Victor informierte, hatte er beschlossen, dem Paar die Heiratserlaubnis zu verweigern, solange er nichts Genaueres über Pinsons Hintergrund in Erfahrung bringen konnte. Offenbar hatte die Familie schon seit einiger Zeit danach gesucht. Aber natürlich kam nichts zum Vorschein.

Da sie nicht daran gewöhnt war, für sich selbst zu sorgen, und das Halifax Hotel zu schnell ihre Brieftasche leerte, schrieb Adèle an François-Victor und bat um eine monatliche Zuwendung von 400 Franc, damit sie angemessen leben konnte. Sie deutete unverblümt auf ihre schon angelaufenen Schulden hin, und wie entsetzlich die Folgen wären, wenn sie mit der nächsten Post nicht wenigstens 390 Franc erhielte. Sie habe sich schon Geld bei Leuten geliehen, die nicht zögern würden, sie ins Gefängnis zu werfen, wenn sie ihnen das Geld nicht unmittelbar zurückzahlte.[2] Das war ein findiger Einfall, der obendrein auch noch funktionierte. Sie erhielt von ihrem Vater nicht nur einen großzügigen monatlichen Betrag von 600 Franc, sondern es gelang ihr auch, eine preiswerte Unterkunft zu finden. Ihr neues Zimmer befand sich in einem Haus in der Granville Street 18, nicht weit vom Halifax Hotel entfernt. Sie blieb dort bis mindestens Ende September. Inzwischen hatte sie sich einen Plan ausgedacht, der sie erst einmal in Halifax festhalten würde.

Trotz Pinsons rüder Weigerung, sie zu heiraten, schrieb Adèle im September ihrer Mutter, sie sei nun Madame Pinson.

Ihre beträchtliche Erfindungskraft einsetzend, lieferte sie ihrer Mutter einen gänzlich falschen Bericht über ihr Leben in der Neuen Welt:

> 17. September, 1863
>
> Meine Liebe,
>
> Ich bin verheiratet, ich stehe noch immer unter dem gewaltigen Eindruck des Ereignisses, und ich schreibe Ihnen schnell, damit ich die Post nicht verpasse. Inmitten unseres Glücks gibt es auch Bedauerliches: in fünf Tagen wird mein Mann sich für drei Wochen aus Kanada absentieren müssen, eine Notwendigkeit wegen seiner militärischen Pflichten. Da es erforderlich wäre, daß ich viermal während der Tagundnachtgleiche (wenn der Wellengang immer hoch und manchmal stürmisch ist) übers Meer führe, um bei ihm zu sein, ist es besser, daß ich in Halifax auf ihn warte, bis er zurückkommt. Ich habe die 200 Franc erhalten und weiß zu schätzen, was…

Die erste Seite des Briefes endet hier; die Seiten zwei, drei und vier fehlen, und der Text beginnt wieder auf Seite fünf:

> …es ist deshalb ganz einfach zu behaupten, ich hätte in England geheiratet. Da Sie weit weg sind von dem (unlesbar), ist der Plan einleuchtend. Sie können sagen, ich sei mit meinem Mann wegen wichtiger Geschäfte nach Amerika

abgereist. Auf diese Weise ist alles erklärbar. Sie können die Briefe an mich adressieren: Madame Penson (mein Name wird entweder mit einem »i« oder einem »e« geschrieben. Ich schreibe meinen Namen mit einem »e«, da ich das »e« dem »i« vorziehe), 18 Granville Street, Halifax, Nova Scotia, Amerika.

> Sie müssen »Madame« in großen Buchstaben schreiben, damit das Wort »Madame« auf Ihrem Umschlag leicht zu lesen ist und Ihre Antwort nicht verloren geht. Ich wohne nicht in der Kaserne, wo die Männer sind; das werde ich nie tun. Ich habe eine Unterkunft in der Stadt wie die anderen Ehefrauen auch, und unsere Männer kommen uns immer besuchen.[3]

Aber François-Victor war argwöhnisch. Im Interesse seiner Schwester, so erzählte er seiner Mutter, habe er Pinson geschrieben, um ihn um eine Kopie des Ehevertrages zu bitten. Ihm war klar, daß Adèle von dem Tag an, da sie ihr Zuhause verlassen hatte, ihr Schicksal in die eigene Hand genommen hatte und die Familie ihre Unabhängigkeit respektieren sollte; dennoch war er durch ihren scheinbaren Mangel an Zärtlichkeit und Rücksicht gegenüber der Familie verletzt. Er konnte auch nicht umhin festzustellen, daß er sie in ihrer Suche nach dem Glück bemitleidete, weil sie fast bis zur Selbstzerstörung gegangen war.[4]

Victor Hugo aber war völlig unfähig, die Unverschämtheit seiner Tochter zu verstehen, und er war entrüstet, weil sie ihn offenbar völlig vergessen hatte. Der Patriarch klagte in einem Brief an seine Frau:

> Adèles Benehmen ist unbegreiflich. Wir willigen in die Hochzeit ein; sie stiehlt sich von zu Hause fort. Sie hätte doch nur in Würde zu Hause heiraten müssen, vor ihrer Mutter, ihrem Vater, ihren Brüdern, ihren Verwandten und

ihren Freunden. Sie hat ihre Heirat in eine Eskapade verwandelt. Plötzlich schreibt sie, sie sei verheiratet. Das umfaßt drei Zeilen in ihrem Brief. Die anderen zehn Seiten bestehen aus einer Forderung nach Geld. Mein Name wird nirgendwo erwähnt.[5]

Hugos Jammern über seine neue Rolle als Bankier seiner Tochter hielt die Familie nicht davon ab, am 9. Oktober 1863 in der *Gazette de Guernsey* und dem *Guernsey Star* Adèles Hochzeit zu verkünden.

Am 17. September heirateten in Paris Mr. Albert Penson vom 16. Regiment der englischen Infantrie, und Miß Adèle Hugo, Tochter des Monsieur le Vicomte Hugo, Offizier der Ehrenlegion, Pair von Frankreich, Mitglied der Französischen Akademie und Ordensritter Karls III. von Spanien, wohnhaft in St. Pierre-Port, Guernsey.[6]

Inzwischen entsprach Adèles Unterkunft in der Granville Street nicht mehr ihrem Geschmack. Wenn auch die Straße das modischste Einkaufsgebiet der Stadt war, so fand Adèle den lebendigen Stadtkern lauter, als sie es nach den Jahren der Stille auf Guernsey hätte ertragen können. Da sie nicht das Risiko eingehen wollte, sich noch einmal in einem unpassenden Zimmer einzurichten, gestand sie ihre Not dem französischen Küchenchef des Halifax Hotels, der ihr zu ihrem Entzücken mitteilte, er kenne den richtigen Mann, der ihr helfen könne. Richard Saunders arbeitete morgens als Kurier für die Union Bank. Abends verdingte er sich als Kellner im Halifax Hotel oder einigen großen Haushalten der Stadt, die häufig eine Zusatzhilfe brauchten. Deshalb wußte der Küchenchef, daß Saunders Frau Sarah Zimmer vermietete. Am selben Abend engagierte der Küchenchef Richard Saunders für ein Bankett und zog ihn für einen Augenblick beiseite, um von der jungen französischen Miß zu erzählen, die einen neuen Platz zum Schlafen brauchte.

Saunders war begeistert – seine Frau suchte gerade nach einer ruhigen, guterzogenen jungen Frau. So hatte der Küchenchef Adèle beschrieben. Am nächsten Morgen erfuhr sie von ihrem Glück, packte ihre Koffer und fuhr mit Mr. O'Briens Droschke zur North Street 33, einem quadratischen, hellgestrichenen, dreistöckigen Gebäude, das man am Ort »Salzkiste« nannte. Ihre neue Adresse war nicht sonderlich vornehm, doch war der Stadtteil ruhiger als der alte. Das Haus am Ende einer steilen Straße überblickte das öde Braun-Grau des Bahnhofes und in der Ferne die Kais des glitzernden Hafens. Adèle hatte sich mit der Stadt vertraut gemacht, und ihr war bewußt, daß der Ort einen anderen Vorteil hatte: Er war nur ein paar Straßen von der Wellington-Kaserne entfernt, wo Leutnant Pinson bis zum nächsten Frühling untergebracht sein würde.

Da Adèle den größten Teil ihres Geldes im Halifax Hotel ausgegeben hatte, blieb ihr nichts anderes übrig, als für einige Zeit von Brot und Schokolade zu leben. Als Mrs. Saunders an jenem Abend ihre neue Mieterin aufforderte, mit der Familie zu essen, nahm sie erleichtert an. Sie hatte nicht die geringste Ahnung, wie man eine Mahlzeit zubereitet, und der bloße Gedanke an ein richtiges, zu Hause gekochtes Essen ließ ihr das Wasser im Mund zusammenlaufen. An jenem Abend lernte sie Mr. Saunders und die Tochter Grace kennen. Nach einem Gespräch von nur wenigen Augenblicken erkannte Adèle, daß sie sich wirklich in eine strategisch gute Lage gebracht hatte. Mr. Saunders' Arbeit als Teilzeit-Kellner ermöglichte es ihm, unauffällig – und die Ohren spitzend – bei den meisten gesellschaftlichen Veranstaltungen der Stadt anwesend zu sein. Dort spielten Armeeoffiziere immer eine herausragende Rolle. Alsbald wurde Mr. Saunders zur Hauptquelle für den Klatsch der Stadt, und es ergab sich die folgende Routine: Adèle pflegte aufzubleiben, bis Mr. Saunders heimkam, dann erzählte er ihr alles, was er gesehen und gehört hatte. Pinson besuchte häufig die Bankette. Adèle konnte ihre Erregung kaum zurückhalten, wenn es Neuigkeiten über ihn gab. Sie wollte in allen Einzelheiten wissen, was er trug, mit wem er zusammen war und was er redete.

Von Zeit zu Zeit willigte Pinson sogar ein, Adèle zu besuchen. Aber die Anziehung hatte offenbar nichts mit Romantik zu tun, denn Mrs. Saunders fiel auf, daß nach jedem Besuch das Häufchen Goldmünzen, das sich in Adèles Zimmer angesammelt hatte, verschwunden war. Für Mrs. Saunders bestand kein Zweifel: Ihre Mieterin, die kaum etwas aß und meistens keinen Penny hatte, gab ihr Geld dem schneidigen jungen Leutnant. Mrs. Saunders hatte zu der jungen kultivierten Dame, die oben in ihrem Zimmer wohnte, Zuneigung gefaßt, aber sie war beunruhigt über ihr schmächtiges Äußeres und ihre wachsende Melancholie. Adèle blieb ganz für sich und verbrachte ihre Tage und Nächte mit fieberhaftem Schreiben. Wenn sie ausging, dann gewöhnlich zur britischen Bank von Nordamerika, um den monatlichen Wechsel abzuheben, oder zu William Gossips Buch- und Schreibwarenladen in der Granville Street, um sich einen Stapel Papier zu kaufen. Meistens bediente sie James, der Sohn des Ladenbesitzers. Sie kam zwei- oder dreimal in der Woche, immer kaufte sie einen Stapel Papier. In dem Laden gab es auch eine umfassende Militärbibliothek, die Adèle aufsuchte. Auch Pinson hielt sich des öfteren in der Bibliothek auf, aber ihre Wege kreuzten sich nie.

Mit dem Geld, das Adèle monatlich erhielt, hätte sie in einer kleinen Garnisonsstadt wie Halifax in großem Stil leben können. Aber Adèle war sparsam und gab nie Geld für Nebensächliches aüs, wenn es sich vermeiden ließ – nicht einmal für eine

Droschke, wenn sie spät am Abend heimkam. Sie meinte, ihr Geld sollte besser für andere Dinge verwendet werden. Nach einigen Monaten fiel Mrs. Saunders auf, daß Adèle sich eine seltsame Angewohnheit zugelegt hatte. Mit einem Männerabendanzug angetan, verließ sie am späten Abend das Haus und kam nach einigen Stunden wieder zurück.

Mrs. Saunders fand dieses Verhalten zwar merkwürdig, aber sie nahm an, Adèle ziehe sich so zu ihrem eigenen Schutz an. Wenn man sie für einen Mann hielte, hätte sie nachts auf den Straßen weitaus weniger Schwierigkeiten, als wenn sie wie eine Frau gekleidet wäre. In ihren eigenen Sachen hätte man sie leicht für ein Straßenmädchen halten können. Es war nicht ihre eignene Idee; dieses Verdienst kam George Sand zu, die für Adèle zu einem Symbol der Unabhängigkeit geworden war. Aber sie erwartete kaum von Mrs. Saunders oder irgend jemandem in Halifax, daß man ihre Methoden verstand. Außerdem fand sie ihre Verkleidung perfekt, um Pinson zu beschatten, der, wie sie argwöhnte, sich wohl eine andere Geliebte zugelegt hatte. Sie wollte herausfinden, wer die Frau war, und ihren Anspruch auf Pinson bekräftigen.

Adèles Verdacht war durch das Gerücht genährt worden, Pinsons Frau und seine Kinder wären auf dem Weg zu ihm oder schon in Halifax eingetroffen. Eines Abends wurden ihre schlimmsten Befürchtungen bestätigt, als Richard Saunders berichtete, daß eine hübsche Frau, von der es hieß, sie sei Pinsons verheiratete Schwester, sich in Halifax niedergelassen habe. In kürzester Zeit war sie in Halifax bekannt, erzählte er Adèle. Er selbst hatte sie, begleitet von sieben kleinen weißen Hunden, fast jeden Tag draußen in ihrer Kutsche vorbeifahren sehen.

Adèle hatte ihrer Familie noch immer nicht ihre Lügen gestanden, obgleich sie in einem Brief an ihre Mutter andeutete, daß ihre Flucht von Guernsey mehr mit Freiheit als mit Leidenschaft zu tun hatte:

Sagen Sie sich selbst, meine Zukunft sei durch einen sinnlosen Aufschub verdüstert und meine Heirat gefährdet worden. Stellen Sie sich doch nur die Situation vor, in die wir geraten wären, wenn diese Hochzeit nicht stattgefunden hätte, weil wir Zeit verschwendet hätten, Sie wissen selbst, daß das, was Sie aufschieben, immer ungewiß ist, weil ein Mann, mag er noch so entschlossen sein zu heiraten, nicht immer dafür haften kann, was das Leben und die dahingehenden Jahre bringen mögen ... Wahrscheinlich hätte ich nie geheiratet, und stellen Sie sich nur die Situation vor, in der wir uns befinden würden! Dieselben häuslichen Konstellationen, dieselben Diskussionen über die Frage, ob wir dieses oder jenes tun sollten; und dann hätten Sie eine traurige Tochter vor sich gehabt, statt in dem Bewußtsein zu leben, daß ich glücklich bin. Stellen Sie sich vor, wie sehr Sie gelitten hätten! Nun ist dieses ganze Unglück vermieden worden.[7]

Aber bald war Adèle dem Druck ihres Doppellebens nicht mehr gewachsen. Die Lage wurde noch unerträglicher, weil sie niemandem ihr Herz ausschütten konnte, obwohl die Wahrheit für jedermann ersichtlich war. Mrs. Saunders hatte schon seit langem begriffen, daß Adèle ihr Zuhause verlassen hatte, um den schneidigen Leutnant Pinson zu heiraten, der sie nicht mehr liebte. Aber sie sagte nichts.

Für Adèle war die Zeit gekommen, ihrer Familie die Wahrheit zu sagen. In einem Brief an François-Victor gestand sie, daß nichts planmäßig verlaufen und sie nicht verheiratet war. Aber sie ertrug es nicht, Vater oder Mutter die demütigende Nachricht direkt mitzuteilen. Am 11. November wurde sie ihnen durch François-Victor übermittelt. Dieser sprach voller Bitternis das aus, was er schon lange geahnt hatte, aber dieses Mal hatte er weniger Mitleid mit der unseligen Lage seiner Schwester:

> Meine liebste Mutter, Adèle hat uns und die ganze Welt getäuscht. Es hat keine Hochzeit gegeben. Sie hat mir dies in einem vertraulichen Brief gestanden, der speziell an mich gerichtet war ... sie bittet mich, ihr dabei zu helfen, Mr. P(inson)s Herz zu rühren ... und ihn davon zu überzeugen, daß er einwillige (in die Heirat). Ich habe Mr. P. geschrieben, keine Bittschrift, worauf Adèle gedrungen hatte, sondern eine Darstellung der Rechtslage. Wenn er nicht antwortet, werde ich Charles vorschlagen, ihm eine Forderung für einen finanziellen Ausgleich zu schicken. Wir werden bald sehen.[8]

François-Victor war in der Tat schon durch einen früheren Brief vorgewarnt worden, den ihm Pinsons Neffe Herr Lecrosnier gezeigt hatte. Der Brief war von einer Cousine »dieses besagten Pinson«, nämlich einer Frau, die nach seiner Beschreibung die Tochter des Generals (tatsächlich Oberstleutnants) Pinsons – war, an Madame Lecrosnier geschrieben worden. Darin entlarvte die Schreiberin Adèles Heirat als Schwindel.

François-Victors erste Reaktion war, die Familie Pinson für verrückt zu erklären und zu fragen, warum wohl Adèle sich weiterhin Madame Pinson nannte, wenn die Familie sie nicht anerkannte. Aber im tiefsten Inneren müssen die Mitglieder der Familie Hugo gewußt haben, daß Adèle sie hinters Licht geführt hatte. Alsbald begann François-Victor einen Plan auszuarbeiten, um seine Schwester und die ganze Familie aus dieser verpfuschten Lage herauszuholen. Er erklärte seine Idee Madame Hugo:

> Wenn sie nach Europa zurückkommt, wird sie sich auf einen Aufenthalt von mindestens einem Jahr in Paris oder Brüssel einzustellen haben. Dort kann sie leben, ohne einem Affront ausgesetzt zu sein. Sie könnten nach Brüssel fahren, wenn Adèle nicht zu Ihnen nach Paris kommen will. Vater wird

Euch monatlich 500 Franc Unterhalt zahlen. Dies ist sein letztes Wort. Er hat beschlossen, und dies meiner Meinung nach zu Recht, ein Jahr lang keine Person zu empfangen, die den Namen einer fremden Familie fälschlich benutzt hat. So weit hat uns Adèle mit ihrer Extravaganz gebracht.[9]

Schnell und in aller Stille versuchte die Familie, Adèle wieder unter ihre Kontrolle zu bekommen, ganz gleich, wie groß ihre physische Distanz war oder wie weit sich die Familienmitglieder emotional voneinander entfernt hatten.

In Halifax hielt Adèle an ihrem Entschluß fest, nicht zu ihrer Familie zurückzukehren. Sie ahnte, was vor sich ging, und wollte nichts davon wissen. Sie hatte nicht die geringste Absicht, ihre neu gefundene Unabhängigkeit und die regelmäßigen Wechsel aufzugeben, und so entwickelte sie alle erdenklichen Pläne, um sich beides zu sichern.

Die Nachricht über die fiktive Hochzeit war unweigerlich über die Heiratsanzeige, die sowohl in englischen als auch in französischen Zeitungen erschienen war, Pinson zu Ohren gekommen. Die Darstellung der Familie Hugo, er habe sich auf der Krim ausgezeichnet, machte ihn fast zur Zielscheibe des Spotts seiner Offizierskameraden. Er war kaum in die Armee eingetreten, als der Krimkrieg schon wieder vorbei war; es handelte sich hier um seinen Onkel, Oberstleutnant Pinson. Pinson schrieb sofort einen im scharfen Ton abgefaßten Brief an François-Victor und verlangte zu erfahren, wie die Familie jemals einen Augenblick lang geglaubt haben konnte, die Hochzeit habe stattgefunden. Er unterstrich, daß er Adèle niemals gebeten habe, ihn zu heiraten. Schon vor zweieinhalb Monaten hatte Pinson François-Victor geschrieben, was er schon seiner Schwester gesagt hatte: daß er sie nicht heiraten könne. Törichterweise hatte Pinson den Brief Adèle gegeben, damit sie ihn zur Post brachte, und sie hatte ihn klugerweise unterschlagen.

In einem Brief vom Dezember 1863 an Charles schrieb François-Victor:

> Heute habe ich zwei Briefe aus Halifax bekommen: einen von Adèle, den anderen von Pinson. Der seine, höflich und kalt, verkündet seinen festen Entschluß, sie nicht zu heiraten. Die in den Zeitungen veröffentlichte Anzeige habe ihn unangenehm überrascht, vor allem die unerbetene Ehre, die der Vicomte Victor Hugo ihm zuteil werden ließ, indem er ihm seine Tochter zur Frau gegeben habe. Adèle, sagte er, sei aus eigenem Antrieb nach Amerika gekommen.[10]

Darüber hinaus gab Pinson in seinem Brief zu verstehen, daß Adèle in Halifax in Gefahr sei und zu ihrem eigenen Schutz nach Hause geschafft werden müsse. Wenn Adèle überhaupt Schutz brauchte, dann nicht vor kriminellen Elementen in Halifax. Sarah Saunders hatte schon zu Recht vermutet, daß der größte Teil von Adèles Geld an den Leutnant ging, ob er darum bat oder nicht. Pinson gab seine Spielgewohnheiten nicht auf, und auch nicht seine Vorliebe für die neueste Mode. Adèles Aufmerksamkeit war nicht willkommen, aber ihr Geld um so mehr. Seine verschlagenen Methoden brachten ihn seinen Kameraden nicht gerade näher, der Beschreibung eines Mitoffiziers nach zu urteilen:

> Albert Andrew Pinson kam 1861 als Leutnant in das Zweite Bataillon des Sechzehnten Regiments nach Halifax, Nova Scotia. Er war ein großer Dandy, und seine Offizierskameraden gaben ihm den Spitznamen »der Graf«. Sein Vater, ein Geistlicher, war nicht wohlhabend, und »des Grafen« finanzielle Not war chronisch. Sein Alter blieb immer ein Geheimnis, nicht einmal seine vertrautesten Freunde wußten, wann er geboren war. Er pflegte seine Haare und den

langen Schnurrbart zu färben und sogar Rouge aufzulegen, um ein paar Falten zu verbergen.[11]

Pinson, der gewöhnlich jede Party belebte, war in der Stadt gut bekannt, vor allem wegen seiner Liebe zu Pferderennen, was für einen »gentleman jockey« nicht gerade ein billiger Sport war. Oberstleutnant Wolseley bemerkte, daß unter den Offizieren im britischen Nordamerika Pferderennen besonders beliebt waren. Die begeisterten Anhänger benutzten ihre eigenen Pferde; 50 bis 60 Pfund war der übliche Preis für ein gutes Reitpferd. Zumindest muß einiges von Adèles Geld zur Finanzierung von Pinsons Hobby beigetragen haben, und es scherte ihn wenig, ihre Bestechungsgelder anzunehmen. Was er nur schwer verwinden konnte, war ihre unerbittliche Art, ihn zu verfolgen, aber er behielt die Geschichte ihrer tragischen Fixierung für sich.

Adèle stand nicht ganz alleine da; Mr. und Mrs. Saunders zeigten sicherlich großes Mitgefühl. Im Dezember 1863 sah Mrs. Saunders eine Möglichkeit, wie sie ihrer traurigen Schutzbefohlenen vielleicht helfen könnte. Adèle hatte auf dem Tisch einen Brief liegen lassen, der zur Post gebracht werden mußte. Sarah Saunders kannte den Namen der Person nicht, an die der Brief adressiert war (was Adèle vorausgesehen haben muß), aber sie war sicher, daß ein Brief an diesen gewissen Victor Hugo mit einer Erklärung der Schwierigkeiten, denen sich Miß Lewly gegenübersah, etwas Gutes bewirken könnte.

Mrs. Saunders schrieb von ihrer Hauptsorge: Adèle hatte offenbar keine Winterkleidung. Die Winter waren hart, erklärte sie, und die junge Miß würde schnell erfrieren, wenn sie nach draußen ginge. Auch aß ihre Mieterin nicht gesund, und Mrs. Saunders befürchtete, sie könne sich bis an die Grenze eines Nervenzusammenbruchs überarbeiten. Sie merkte an, daß niemand zu Besuch kam, außer Pinson, der unregelmäßig erschien, und daß Adèle über die Straße zu Mrs. Gabriel ginge, die Französisch sprach. Die Hugos erhielten den Brief am 6. Januar 1864. Victor Hugo notierte ordnungsgemäß die »düstere Nachricht aus Halifax« in sein Tagebuch.

Erst als der französische Küchenchef des Kommandeurs der Halifax Garnison, Generalmajor Sir Francis Hastings Charles Doyle, eines Tages bei den Saunders hereinschaute, um Richard Saunders für den Abend für ein Bankett zu engagieren, wurde ihnen die Bedeutsamkeit ihres neuen Briefpartners klar. Als der Küchenchef einen an Monsieur le Vicomte Victor Hugo in Guernsey gerichteten Brief sah, traute er seinen Augen kaum. »Wissen Sie, wer das ist?« fragte der Küchenchef. Mrs. Saunders gab ihre Ahnungslosigkeit bereitwillig zu. Stolz klärte er sie auf, daß Hugo der größte Dichter Frankreichs war.[12]

Mrs. Saunders Brief wurde von François-Victor beantwortet, dem einzigen Mitglied der Familie Hugo, das fließend Englisch lesen und schreiben konnte. Entzückt über einen solch unerwarteten Glücksfall, beantwortete er ihren Brief sofort; von nun an würde es möglich sein, Adèles Vorgehen im Auge zu behalten. Adèles Bruder enthüllte den Saunders nicht die wahre Identität ihre Mieterin, aber drängte sie, alles zu kaufen, was notwendig war. Nach Einreichung der Rechnungen würden ihnen ihre Ausgaben schnellstens erstattet werden. Darüber hinaus bat er das Ehepaar, mit der Familie Hugo in Kontakt zu bleiben, falls sie irgend etwas anderes für die junge Frau tun konnten, die er als Madame Pinson bezeichnete und die Saunders als Miß Lewly kannten.

Mrs. Saunders erstem Brief an Victor Hugo folgte sogleich, ebenfalls noch im Januar 1864, ein weiteres Schreiben. Es war von Adèle und höchst beunruhigend. François-Victor wurde wieder einmal ins Vertrauen gezogen. Adèle berichtete, daß Pinson im Frühling eine andere Frau zu heiraten gedenke. François-Victor zeigte sich dieses Mal verständnisvoller, als er an seine Mutter schrieb und sie anflehte, nicht »das arme Kind« zu tadeln, das so offenbar aus dem Gleichgewicht geraten war. Noch vor Ende des Monats hatte Adèles Eingeständnis einen harschen Brief von Madame Hugo an den unwürdigen Pinson zur Folge:

> Meine Tochter, Sir, verließ uns auf Ihre Veranlassung hin vor sechs Monaten. Sie hat sich nach Halifax begeben, wo auch Sie sind, weil sie glaubte, Sie würden das Eheversprechen halten, das Sie und Adèle sich, ebenfalls auf Ihre Veranlassung hin, gegeben haben.
>
> Diese Dinge, die ich Ihrem Gewissen überlasse, sind nicht das Thema dieses Briefes. Es geht um folgendes: Wir möchten, daß unsere Tochter so schnell wie möglich zurückkehrt, um den Platz in ihrer Familie wieder einzunehmen. Ich denke, sie will trotz unseres Drängens in Halifax bleiben, solange sie meint, Sie seien da. Damit sie zurückkehrt, muß sie durch Methoden, die Sie für am wirkungsvollsten halten, von Ihrer Abreise nach England überzeugt werden. Ist diese Sache erledigt – wobei ich auf Sie zähle –, werden wir einander nicht mehr kennen, Sir.
>
> A. F. H.
>
> PS. Sie werden sicherlich verstehen, daß meine Tochter keine Kenntnis von diesem Brief erhalten sollte.[13]

Es ist niemals herausgekommen, ob dieser Brief Pinson je erreicht hat; ein Entwurf wurde unter Madame Hugos Papieren gefunden.

Am 11. Februar hatte Victor Hugo offensichtlich die Geduld mit seiner störrischen Tochter und, in geringerem Maße, mit seiner Frau verloren, die nicht immer mit ihm darin übereinstimmte, was mit Adèle geschehen sollte:

> Was Adèle angeht, haben wir bis jetzt voller Zärtlichkeit über dieses unglückliche Kind gesprochen, aber es kommt

> der Augenblick, da man, will man sie wirklich retten, bestimmt, wenn nicht gar streng, mit ihr reden muß. Diese Strenge muß von Ihnen kommen, wobei wir Sie alle unterstützen werden, um so mehr wegen der Art, wie sie Ihre Nachsicht gebraucht und mißbraucht.[14]

Hugo gab keinerlei Hinweis, wie diese neuen Zwangsmaßnahmen aussehen, geschweige denn, wie sie auf einige tausend Kilometer Entfernung angewandt werden sollten. Auch wenn es ihm hauptsächlich darum ging, das Gesicht zu wahren, empfand er doch einiges Mitleid mit seiner Tochter. Aber er unterschätzte ihre Fixierung auf Pinson und ahnte nicht, wie stark dies ihren Geisteszustand beeinträchtigte. Am 21. Februar schrieb er:

> Es gibt nur eines zu tun, und das ist folgendes: Adèle vor sich selbst zu retten und die Weigerung dieses elenden (Mannes) als ein unendliches Glück für sie anzusehen. Adèle ist krank. Sie wird gesunden. Diese Qualen werden vorübergehen … In diesem Augenblick ist es notwendig, Adèles Zukunft vor ihrer Gegenwart zu retten.[15]

Die Saunders taten für ihren Teil das, worum man sie gebeten hatte. Sie kauften Winterkleidung (häufig ging Adèle ohne Mantel in die durchdringend feuchte Kälte hinaus) und reicherten ihre magere Kost mit Eiern und Sandwiches an. Sie taten alles, was sie konnten. François-Victor hielt sein Wort und ersetzte auf der Stelle ihre Ausgaben. Ihm lag so viel daran, dieses neue Arrangement beizubehalten, daß er sie sogar fragte, wie er ihre Ausgaben für die Briefmarken begleichen könnte. Seine übermäßige Sorge war unnötig; sie waren mitfühlende Leute, und Adèle war ihnen ehrlich zugetan. Als sie im Frühjahr 1864 in die Sackville Street 42 umzogen, ging Adèle mit. Sie hatte gesagt, sie würde für ihre eigenen Möbel sorgen, aber sie kaufte fast nichts.[16] In ihrem Zimmer lagen Papiere, Kleidung und Bücher verstreut umher, »sie ließ selten, wenn überhaupt, einen Menschen herein. Sie lebte in fast völliger Abgeschiedenheit und wünschte keine Kontakte.«[17]

Zweifellos hätte Adèle die Dienste ihrer Zofe Rosalie dringend gebraucht. Obwohl ihr Monatswechsel reichlich bemessen war, um ein behagliches Leben samt Dienstmädchen führen zu können, verblieb sie in ihrer selbst auferlegten Armut. Adèle schrieb ihrem Bruder von ihrem Wohungswechsel und bat wie immer um mehr Geld. »Ich brauche noch 180 Franc für die letzten beiden Monate. Sobald ich sie in Händen habe (Du kannst sie mir mit der nächsten Post schicken), werde ich meine Rechnungen bezahlen und abreisen.« Sie machte eine versteckte Andeutung wegen eines neuen Planes, den sie ausgeheckt hatte, um Pinson zur Heirat zu zwingen: »M. (Pinson) kommt immer häufiger vorbei, und sein Widerstand schwindet in bemerkenswerter Weise. Dennoch tätest Du gut daran, erst zu handeln, wenn ich es Dir sage, und ihm erst zu schreiben, wenn ich Dir neue Informationen gebe.«[18]

Sie hatte vor kurzem eine Hypnosevorführung in der Orpheus-Halle von Halifax gesehen. Der Hypnotiseur hatte Wunder bewirkt, indem er ehrenwerte Geschäftsleute dazu brachte, sich bis auf die Unterhose auszuziehen, und die Damen der feinen Gesellschaft, wie die Hühner zu gackern. Adèle sah Methode in dem Wahnsinn und näherte sich nach der Vorführung dem Hypnotiseur, um ihm ihr Problem zu erzählen. Der Mann stimmte zu, die Sache sei leicht zu lösen – für 5 000 Franc. Eine gewaltige Summe, selbst für Adèle, aber der Hypnotiseur hatte sein Opfer gut taxiert. Ihre Kleidung, ihr Benehmen und die Verzweiflung in ihrer zitternden Stimme gaben ihm die Sicherheit, daß sie zahlen, seine Dienste gut bezahlen würde. Pinsons Widerstand würde völlig zusammenbrechen, versicherte er ihr. Nach einer Hypnose würde der Leutnant schnell in die Heirat einwilligen.

Am 26. Juni 1864 schrieb Adèle an ihren Vater, um ihn um die sofortige Überweisung des Geldes zu bitten, das man von ihrem Erbe abziehen sollte. Zugleich schwor sie, sie würde sich nie ohne Pinson nach England einschiffen. Obwohl die Idee ziemlich ausgefallen war, wiesen die Hugos Adèles Vorschlag nicht gleich zurück. Ihr Vater bestand darauf, daß bei der Hochzeitszeremonie zwei Zeugen und ein Priester anwesend sein müßten, aber er brachte nirgendwo seine Besorgnis wegen der moralischen Bedeutung eines solchen Betrugs zum Ausdruck.

Das Geld für den Hypnotiseur traf nie ein, und offenbar gab Adèle den Plan auf. Doch der hitzige Briefwechsel zwischen den einzelnen Familienmitgliedern ging weiter. Man schmiedete Pläne für Adèles Rückkehr und Rehabilitation, aber keiner wurde ausgeführt. Die Unentschlossenheit der Familie hatte der störrischen Adèle fast ein Jahr in Freiheit geschenkt. Sie hatte dem ersten Winter in Halifax, so gut es ging, getrotzt, obwohl sie die dunklen Monate als länger und anstrengender empfunden hatte als auf Jersey oder Guernsey. Sie sehnte sich nach der Wiederkehr längerer Tage, und wie auf Guernsey hatte sie seit März auf das erste Grün gewartet. Aber in Halifax war Schnee selbst im Mai nichts Ungewöhnliches, und die Frühlingsregen konnten bis in den Juni hinein dauern; der Sommer setzte eigentlich erst im Juli ein.

Man weiß nichts darüber, wie Adèle gegen Ende des Jahres 1864 und während der ersten fünf Monate des folgenden lebte, aber im Mai 1865 tauschten die Offiziere und Soldaten des Sechzehnten Regiments ihre bequemen Unterkünfte in der Wellington-Kaserne gegen die muffigen Quartiere in der Halifax Zitadelle ein. Das Siebzehnte Regiment hatte sich in den Steinkasematten durch den vergangenen Winter hindurchgefroren, und die Männer des Sechzehnten wußten aus Erfahrung, daß es ihr Schicksal war, sich auch noch durch den Frühling und den kommenden Sommer hindurchzufrieren. Selbst im Juli und

August war es häufig notwendig, in den naßkalten Höhlen, die als Unterkünfte galten, die Feuer in Gang zu halten. Der Mangel an angemessenen Waschmöglichkeiten und die modrigen Toiletten verschlimmerten nur ihr Elend.

Adèle jedoch war entzückt. Durch den günstigen Umstand, daß sie jetzt in der Sackville Street wohnte und Pinson nur ein paar Straßenecken weiter in der Zitadelle, waren sich die von einem Unstern verfolgten Liebenden aber nicht näher gekommen. Aus Vertrautheit erwuchs für Pinson nur Verachtung. Er hörte sogar mit seinen sporadischen Besuchen bei Adèle auf, denn er war nun noch entschlossener, trotz aller Drohungen, allem Flehen und selbst der großzügigen Bestechungsgelder, die er so eilfertig in der Vergangenheit angenommen hatte, mit ihr zu brechen. Aber ungeachtet seiner größten Anstrengungen, sie aus seinem Leben zu verbannen, ließ Adèle nicht locker.

»Krank von Liebe und Wahnsinn«

Halifax, 1864–1865

> Wahr an der ganzen Angelegenheit scheint zu sein, daß Adèle nach den Gesetzen Englands legal mit einem englischen Offizier verheiratet war. Aber da die Ehe ohne die Zustimmung ihrer Eltern geschlossen wurde, war sie in Frankreich ungültig.
>
> *New York Times*[1]

Da Richard Saunders seine Ohren überall hatte, erfuhr Adèle eine schockierende Neuigkeit: Pinson hatte sich mit Miß Agnes Johnstone aus Dartmouth verlobt. Sobald sie von dem beunruhigenden Gerücht hörte, gelobte Adèle, diese Hochzeit mit allen Mitteln zu verhindern. Zunächst jedoch suchte sie die Bestätigung für die Richtigkeit des Gerüchts, indem sie das ahnungslose Paar beschattete. Viele Jahre später gab der Acadian Recorder eine beliebte Version davon wieder, wie Adèle es anstellte, die Bestätigung für ihre schlimmsten Befürchtungen zu bekommen:

> Es war eine warme Juninacht, die vom Duft der Rosen aus den angrenzenden Gärten erfüllt war. In der Residenz des Kommandanten spielte eine Kapelle Walzer und andere Tanzmusik. General Sir Francis Hastings Doyle, ein fröhlicher, alter Soldatenjunggeselle, hatte einen Ball gegeben, wo das Militär und die blühenden Schönheiten der Stadt ein rauschendes Fest feierten. Ein junges Paar war über die Straße zum Grafton Park geschlendert und hatte sich auf eine Parkbank unter die mächtigen Ulmen gesetzt, um sich

ungestörter ihrer Liebe hingeben zu können. Sie waren noch nicht lange dort, als ein offensichtlich der Oberschicht angehörender Mann kam und von Baum zu Baum huschte; als ob er das Paar auf der Bank beschattete. Diese Person beobachtete mit intensivem Interesse das Liebesspiel der Leute auf der Bank, es waren ein junger Garnisonsoffizier und die Tochter eines bekannten Anwalts und führenden Mitglieds der Regierung. Die Person im Herrenanzug war kein Mann, sondern Adèle Hugo.[2]

Als nächstes versuchte Adèle rechtliche Schritte einzuleiten, um das Paar dazu zu zwingen, ihre Verlobung zu lösen. Sie zog Peter Lenoir zu Rate, der ihr bei ihrer Ankunft in Halifax geholfen hatte, Pinson zu finden. Aber diesen Fall wollte er nicht übernehmen; ob dies daran lag, daß er meinte, nicht über die angemessenen rechtlichen Kenntnisse zu verfügen, oder ob er Adèle nicht glaubte, ist nicht bekannt. Statt dessen empfahl er sie an Robert Motton weiter, einen bekannten Anwalt mit einem besonderen Talent für Strafrecht.

Adèle ließ keine Zeit verstreichen und suchte sogleich Motton in seinem Büro in der Barrington Straße auf, wo sie dasaß und um Fassung rang. Motton brauchte einige Minuten, um die stürmische Frau mit dem rabenschwarzen Haar zu beruhigen, die ihm nur als Miß Lewly bekannt war. (Adèle hatte aus Angst, entdeckt zu werden, nicht gewagt, Motton ihren richtigen Namen zu sagen, auch gab sie nicht den geringsten Hinweis auf ihre Verbindung mit der berühmtesten Familie Frankreichs.) Der Anwalt hörte aufmerksam zu, als die junge Frau ihm ihr Herz ausschüttete.

Bitterkeit schwang in Adèles Stimme mit, als sie Motton die lange und komplexe Geschichte ihrer Beziehung zu Leutnant Albert Pinson erzählte. Dieser habe ihr nicht nur ewige Liebe geschworen und ihr die Heirat versprochen, sondern er habe auf

Lenoir Building

Guernsey sogar einen Ehevertrag unterschrieben. Darüberhinaus, behauptete sie, hätte in London eine geheime, wenn auch nicht legale Hochzeitszeremonie stattgefunden. Adèles Erklärungen waren zum größten Teil erdacht, selbst wenn sie ein Fünkchen Wahrheit enthielten. Obwohl die schöne junge Frau vor ihm sein Mitleid erregte, mußte Motton einräumen, daß ihr Fall alles andere als ungewöhnlich war. Nicht zum ersten Mal hörte er einer jungen Dame zu, die ihn um Hilfe bat, um einen widerspenstigen Verlobten wieder auf den Ehepfad zu bringen, und das sagte er ihr auch. Er wußte, daß das Problem besonders unter den Soldaten vorherrschte, die sich auf wilde oder »Serien«-Ehen einließen – indem sie in jeder Garnisonsstadt, in die sie verlegt wurden, sich eine neue Frau zulegten. Solche »Ehen« waren natürlich nicht offiziell anerkannt, und die Familien, die daraus entstanden, erhielten keine Sonderrationen oder Unterstützung vom Militär. Traurigerweise sahen sich diese Soldaten-»Ehefrauen« häufig zur Prostitution gezwungen, um sich und ihre Kinder zu ernähren; wenn das Regiment abzog, blieben sie meist mittellos zurück. Die Lokalzeitungen brachten regelmäßig Geschichten über Bigamie, in die Soldaten verwickelt waren.

Es handelte sich um eine besonders traurige Geschichte, versicherte Motton Adèle. Leider sah er sich auch verpflichtet, darauf hinzuweisen, daß er Pinson zwar einen Brief schreiben und ihn auffordern könne, von der Verlobung Abstand zu nehmen, er aber kein Gesetz kenne, das Pinson zwingen könnte, Adèle zu heiraten. Offensichtlich spürte Motton, daß Adèle ihre Geschichte zu ihren Gunsten gefärbt hatte, denn es gab mindestens zwei Vorgehensweisen, die er hätte anwenden können, es aber nicht tat. Die erste wäre gewesen, Pinson vorzuladen, weil er sein Eheversprechen gegenüber Adèle gebrochen hatte; die zweite hätte sein können, Pinson wegen Bigamie zu belangen, wenn man hätte beweisen können, daß er mit Adèle rechtmäßig verheiratet und dann mit Agnes eine Ehe eingegangen war. Doch Motton tat nichts dergleichen. Trotz Adèles Behauptungen gab es keinerlei Hinweis auf den Bestand einer rechtmäßigen Ehe, jedenfalls keinen, den die Gerichte von Nova Scotia anerkannt hätten; auch hatte es offenbar keine formelle Verlobung gegeben. Doch Adèle weigerte sich, die Sache fallenzulassen, und sie kehrte etliche Male in Mottons Büro zurück, um ihn davon zu überzeugen, gerichtliche Schritte einzuleiten:

> Mademoiselle Hugo pflegte zu ihrem Anwalt über das Unrecht, das ihr angetan worden war, mit glühenden Wangen und blitzenden Augen zu sprechen. Wenn sie erregt war, sagte er, waren ihre Augen fast furchterregend in ihrem feurigen Glanz. Sie erklärte wiederholt in leidenschaftlichen Worten, daß sie vor Gott Pinsens Frau sei und daß er nie eine andere Frau heiraten dürfe.[3]

Auf die abergläubische Adèle muß es so gewirkt haben, als hätte Auguste Vacquerie endlich Rache genommen. Mehr als ein Jahrzehnt zuvor hatte er in einem Wutanfall über Adèles dreisten und nie bereuten Treuebruch mit Pinson geschworen, daß »du in den nächsten zehn Jahren bestraft wirst«[4]. Jetzt wurde sie zweifellos bestraft, nicht nur weil Pinson sich weigerte, sie zu heiraten, sondern weil er auch noch eine andere zu heiraten gedachte. Adèle steckte in einer ganz realen und sehr menschlichen Misere. Sie hatte für Pinson alles aufgegeben; und sie erntete nichts als Kummer.

Als Schießlehrer waren Pinsons Talente kaum begehrt, außer während der jährlichen Manövertage, wenn auf den Gemeindewiesen von Halifax Manöver ausgetragen wurden, bei denen die Truppen Platzpatronen abfeuerten. Zu anderen Zeiten marschierte die ganze Garnison, von verschiedenen Militärkapellen eskortiert, durch die Straßen in den Norden der Stadt, um dort ihre Manöver auszuführen. Zwischen Juni und September half Pinson, das jährliche Training des Regiments in Chobham an der Ostküste abzuhalten.

Liebenswürdige Offiziere wie Pinson waren das Herzblut abgelegener Garnisonsstädte. Die feine Gesellschaft sah in ihnen das unbedingt notwendige Element, gesellschaftliche Veranstaltungen zu beleben, und die Offiziere taten ihr Bestes, um die örtliche Bevölkerung nicht zu enttäuschen. Das Militär stand so hoch in ihrer Achtung, daß die Kalender der Männer meist mit gesellschaftlichen Verpflichtungen angefüllt waren. Zum Glück hatten sie dementsprechend weniger berufliche Pflichten; Offiziere hatten es in dieser Hinsicht besonders gut und genossen den zusätzlichen Vorteil, Dienstboten aus den niedrigeren Rängen zur Verfügung zu haben. Im Jahre 1829 schrieb Hauptmann William Moorson des zweiundfünfzigsten Infanterieregiments, daß ein junger Offizier, der einen Posten in einer Garnisonsstadt bekam, »sofort auf eine Stufe gehoben wurde, die weit über der der Rotröcke zu Hause lag… man suchte im allgemeinen seine Gesellschaft, hofierte ihn und sah in ihm eine Persönlichkeit, deren Meinung große Aufmerksamkeit geschenkt wurde.«[5] Wolseley hielt fest, daß in den sechziger Jahren das Leben für einen Soldaten in den Kolonien alles andere als hart war. »Bei uns gab es im Winter ein sehr erfolgreiches Garnisonstheater, und oft machte man Schlittenausflüge in das Umland. Im großen und ganzen war es ein Paradies für junge Offiziere, das einzige Problem bestand darin, unverheiratet zu bleiben.«

Dies schien leider auch Pinsons Problem zu sein. Er hatte das Glück, nicht Gegenstand von Wolseleys drakonischer Lösung dessen zu sein, was er als das opportunistische Sich-Heran-Machen einheimischer Frauen an seine Männer empfand. »Etliche eindrucksvolle junge Hauptleute und Leutnants mußten eiligst nach Hause geschickt werden, um sie vor unklugen Ehen zu schützen. Wenn auch diese kanadischen Damen sehr charmant waren, fehlte es ihnen doch an weltlichen Gütern.«[6]

In Herzensdingen war Pinson eine Ausnahme unter seinesgleichen. Er lief keine Gefahr, eine »unkluge Ehe« einzugehen; er hatte einen untrüglichen sechsten Sinn für Frauen mit Geld entwickelt. Agnes' Vater, James W. Johnstone, hatte zwanzig Jahre der Regierung von Nova Scotia angehört und war sogar von 1857 bis 1860 Premierminister. Als Richter des Obersten Gerichtshofs von Nova Scotia hatte er Macht und genoß großes Ansehen. Bald nach seiner Ankunft in Halifax begann Pinson Mount Amelia zu besuchen, wie das stattliche Haus der Johnstones in Dartmouth genannt wurde. Wahrscheinlich erklärte er Ende 1864 oder Anfang 1865 Agnes seine Absichten und begann sie ernsthaft zu umwerben. Vielleicht wurde sein Antrag durch die unpassende Ankunft Adèles in Halifax beschleunigt. Auch konnte er sich des Eindrucks nicht erwehren, daß Richter Johnstone alles andere als glücklich über die Aufmerksamkeit war, die er Agnes widmete. Trotz aller Bemühungen entkam Pinson dem Klatsch in der Stadt nicht. Er hatte Angst, daß die hartnäckigsten Gerüchte an Richter Johnstones Ohren dringen würden – daß er ein Bigamist und schon mit einer Frau verheiratet sei, die in Halifax wohnte; daß er sich eine Geliebte halte, eine geheimnisvolle Französin, die ihm in das britische Nordamerika gefolgt sei; und daß er ein unverbesserlicher Spieler mit atemberaubenden Schulden sei.

Pinsons Verhalten war nicht gerade dazu angetan, das Gerede über ihn abzuschwächen. Trotz seiner Verlobung mit Agnes war er in der Öffentlichkeit in Begleitung einer Dame zu sehen, die er als seine »verheiratete Schwester« ausgab; er hatte ohne Umschweife Geld von Adèle angenommen, die in der Tat seine Geliebte gewesen war; er hatte den Ruf eines Lebemannes, und seine chronischen finanziellen Schwierigkeiten konnte er kaum leugnen. Noch einmal eine empfindsame, doch wohlhabende

Dame wie Agnes zu finden, schien die Antwort auf seine Probleme zu sein.

Wie Adèle galt Agnes als gutaussehende Frau mit einer schnellen Auffassungsgabe und feinem Humor. Auch sie war in ihren Dreißigern, und sie hatte die Ehe gemieden, indem sie ganz in der Musik und Religion aufging. Mit zwanzig Jahren hatte Agnes sich sogar noch taufen lassen. Und wie Adèle lebte sie im Schatten ihrer hübscheren, temperamentvollen Schwester Minnie, die es heraushatte, fast alles zu bekommen, was sie wollte. Agnes lief Gefahr, eine alte Jungfer zu werden, das heißt, bis sie »Bertie« Pinson begegnete, der ihr Herz im Sturm eroberte.

Richter Johnstone gefiel die Wahl seiner Tochter überhaupt nicht, auch stand er mit seiner geringen Meinung von Pinson nicht allein da. Selbst Pinsons Offizierskameraden verachteten den Mann, den die einheimischen Frauen offenbar so begehrenswert fanden:

> Es hieß, daß Pinsons Vater, obwohl nicht reich, seinem Sohn ein Patent in der Armee kaufte, um ihn von Miß Hugo zu entfernen. Einer seiner Kameraden bestätigte, daß in der Garnison nur wenige Leute Adèles Geschichte kannten, und daß Pinson sehr zornig wurde, als jemand behauptete, man hätte gehört, er sei verheiratet und seine Frau sei ihm nach Halifax gefolgt.
>
> Er war sehr sportlich, und beim Pferderennen spielte er häufig den Gentleman Jockey. Er war immer in Geldnot, da er es sofort für Kleidung und sonstige Vergnügungen ausgab. Es scheint, daß er bei allen Geldverleihern in Halifax bekannt war.
>
> Bei ihren Charakterisierungen schonten die Bewohner von Halifax die Gefühle Pinsons nicht. Sie sagten, während er sich amourösen Eroberungen hingab, litt Adèle seinetwegen unter großen Entbehrungen. Man hielt ihn für gänzlich ego-

zentrisch, unsensibel, seelenlos, ohne Ideale und von keinem anderen Ehrgeiz besessen, als leicht zu den Mitteln zu gelangen, die ihm ein Leben in Müßiggang erlaubten. Er hatte eine gute Erziehung genossen und sprach gut Französisch.[7]

Ja, seine Kritiker meinten, daß Pinson mit seinen farbloseren Altersgenossen buchstäblich austauschbar war, was Fähigkeit und Persönlichkeit anging:

> Er unterschied sich nicht von anderen in den niederen Rängen britischer Regimenter, außer vielleicht, daß er offenbar etwas mehr von einem Lebemann hatte. Er war mittelgroß, recht gutaussehend und in seinem Äußeren ausgesprochen elegant. Er trug einen langen Schnurrbart und gab sich große Mühe, erlesen gekleidet aufzutreten, und war vor allem der Liebling der Frauen.[8]

Adèle versuchte weiterhin, den wenig fundierten Rechtsfall gegen Pinsons Verlobung mit Miß Johnstone voranzutreiben.

> Es ist sicher, daß die Geschichte ihrer Beziehungen völlig aufgedeckt wurde, und selbst wenn der Fall nicht viele Ansätze bot, um einen Anwalt damit zu befassen, war Mr. Motton immerhin so weit an dem Fall interessiert, einen Brief an Pinsen zu schicken.[9]

Es erübrigt sich zu betonen, daß Mottons Brief an Pinson zu keinerlei Ergebnissen führte, und Adèle war einverstanden, als nächstes einen Brief an Richter Johnstone zu senden, um zu versuchen, die Sache in den Griff zu bekommen. In diesem Augenblick ließ Adèle eine Bombe platzen: Sie enthüllte dem erstaunten Anwalt ihre wahre Identität. Die Neuigkeit, Victor Hugos Tochter als Rechtsberater dienen zu können, kam für Motton völlig überraschend. Anders als die Familie Saunders war Motton sehr belesen und mit dem berühmten Dichter und seinen Werken ziemlich gut vertraut. Er wußte auch, daß die Familie Hugo wohlhabend und einflußreich war. Motton, der nur ein Jahr jünger war als Adèle, konnte sich nicht vorstellen, warum Leutnant Pinson, doch wohl ein ausgesprochen begabter Opportunist, sich weigerte, die schöne, reiche und kultivierte Dame vor ihm zu heiraten.

Da erzählte Adèle Motton, daß ihr Vater

> gefordert hatte, daß Pinson nach Brüssel kam und dort seine Tochter heiratete. Madame Hugo war damit einverstanden; aber Adèle war verliebt, und ihr hitziges Gemüt wollte diesen klugen, väterlichen Rat nicht akzeptieren. Sie bestand darauf, um jeden Preis, nach London zu reisen, und sogar allen gesellschaftlichen Regeln zum Trotz. Als man sich darüber klar wurde, daß das ungestüme Mädchen entschlossen war, seinen Willen durchzusetzen, willigte ihre Mutter schließlich ein, sie nach London zu begleiten.
>
> Bei ihrer Ankunft entdeckten sie zu ihrer Beschämung und zu ihrem Kummer, daß Pinson sich mit seinem Regiment nach Halifax eingeschifft hatte, ohne eine Nachricht oder eine befriedigende Erklärung zu hinterlassen; in der Tat, die Umstände lieferten den unzweifelhaften Beweis für eine Fahnenflucht. Adèle und ihrer Mutter blieb nichts anderes übrig, als unmittelbar nach Brüssel zurückzukehren.[10]

Adèles dramatische Enthüllung hatte keinen Einfluß auf die Fakten ihres Falles. Gewiß, wenn irgendein Vertrag unterzeichnet und gebrochen worden war, konnte vielleicht finanzielle Entschädigung erreicht werden, aber abgesehen davon, bedauerte Motton, konnte er nicht von weiteren Diensten sein. Adèle verließ tief enttäuscht sein Büro.

Kurz darauf schickte Motton einen zweiten Brief ab, dieses Mal an Richter Johnstone, in dem er ihn mit den höchst unwillkommenen Neuigkeiten bekannt machte. In der Beschwerde tauchte Adèles wahre Identität nicht auf, aber Motton setzte der beträchtlichen Phantasie von Richter Johnstone keine Grenzen, was die Macht und den Reichtum der Familie der jungen Frau anging. Seiner Klientin liege nichts an einer Entschädigung oder selbst an einer Entschuldigung; offenbar wollte sie keinerlei Skandal wegen der ganzen Angelegenheit. Ihr lag nur daran, daß die Verlobung sofort gelöst werde, damit ihr eigener Ruf keinen Schaden nehme. Für Richter Johnstone schien das eine vernünftige Vorgehensweise zu sein, und er verlor keine Zeit, um sich von Pinson zu befreien. Er erklärte Agnes, daß er die Verlobung für gelöst halte – ungültig geworden durch Pinsons gewissenloses Verhalten gegenüber Agnes ebenso wie gegenüber der besagten Miß Lewly, die ihr Zuhause verlassen und auf Grund des Heiratsantrages des Schurken den weiten Weg nach Halifax gemacht hatte.

> Nachdem die Umstände von (Pinsons) Beziehungen mit Mademoiselle Hugo unter seinen Dartmouth-Freunden bekannt geworden waren, brachen die junge Dame und ihre Familie sofort jeglichen gesellschaftlichen Kontakt ab.[11]

Agnes' Nichte, Caroline Johnstone, berichtete später:

> (Richter Johnstone) wollte von der Verlobung zwischen den jungen Leuten nichts mehr hören, und »Bertie« wurde sofort verbannt. Der armen Tante Agnes war die ganze Geschichte sehr arg.[12]

Agnes war in der Tat am Boden zerstört, aber ihr Vater dachte sich schnell sowohl eine Lösung für die gesellschaftliche

Demütigung der Familie, als auch eine Beschäftigung für seine Tochter in der nächsten Zeit aus. Er beschloß, Agnes sollte ins Ausland gehen. Dort konnte sie Sehenswürdigkeiten besichtigen, Musik studieren und sich wohltätigen Aufgaben widmen, wenn sie wollte. Das wichtigste war, daß sie alles vergaß, was mit diesem Schurken Pinson zusammenhing. Schnell wurden Agnes und ihre Koffer nach England geschickt. Sie war bald auf dem Weg in den Süden Frankreichs, wo sie die nächsten sieben Jahre von einem großzügigen Wechsel ihres Vaters lebte. Im August 1872 fuhr Richter Johnstone, der sich inzwischen von seinen richterlichen Pflichten zurückgezogen hatte, zu seiner Tochter nach Frankreich. Sein Arzt hatte auf einem Klimawechsel bestanden, der helfen sollte, eine hartnäckige Bronchitis zu heilen. Aber das milde, reizarme Mittelmeerklima hatte wenig oder gar keine Wirkung auf seine Verfassung, und kurz darauf kehrten Agnes und ihr Vater nach England zurück. Sie ließen sich in Cheltenham nieder, wo das Klima ähnlich feucht wie in Nova Scotia war, und der Gesundheitszustand des Richters sich weiterhin in keiner Weise besserte.

Im folgenden Jahr wurde Johnstone zum stellvertretenden Gouverneur von Nova Scotia ernannt, doch seine Krankheit zwang ihn, sein Amt niederzulegen, bevor er überhaupt seinen Eid geleistet hatte. Er kehrte nie nach Nova Scotia zurück, und am 21. November 1873 starb Richter Johnstone im Alter von einundachtzig Jahren. Nach dem Tod ihres Vaters begann Agnes bei einer protestantischen Missionsgruppe in Frankreich zu arbeiten, die versuchen sollte, die Franzosen von »den bedrückenden Formen des römischen Katholizismus zu befreien«[13]. Agnes verbrachte die nächsten dreißig Jahre damit, in Frankreich die Bauern auf dem Land zu besuchen und ihnen Unterricht zu erteilen, und sie lockerte ihre Missionsarbeit durch Reisen mit ihrer Schwester nach Madeira und Algerien auf. Sie kehrte nur noch einmal nach Nova Scotia zurück.

Wie Adèle so hat auch Agnes nie geheiratet, auch sie bekam noch weitere Heiratsanträge. Einer kam von einem alten protestantischen Pastor in einem Bergdorf, der sie bei einer Versammlung hatte sprechen hören. Agnes, die sich damals schon einem fortgeschrittenen Alter näherte, wies den Gedanken sofort von sich. Sie hatte ihre Lebensarbeit gefunden, und eine Heirat, vor allem in ihrem Alter, würde sie nur in ihren Aktivitäten – und ihrer Freiheit – beeinträchtigen. Am 17. Dezember 1917 starb Agnes und wurde neben ihrem Vater begraben. Auf ihrem Grabstein stand zu lesen:

> …wie er hatte geliebt die Seinen, die in der Welt waren, so liebte er sie bis ans Ende.[14] *Johannes 13,1*

Das Mitgefühl von Fremden

Halifax, 1865–1866

Es steht zumindest fest, daß sie für einige Zeit verschollen war und ihre Eltern die Erdkugel in allen Himmelsrichtungen nach ihr absuchen ließen.

New York Times[1]

Ende des Jahres 1864 fing ein Haus ganz in der Nähe Feuer. Der Vorfall versetzte Adèle in Angst und Schrecken, obwohl die Flammen schnell gelöscht waren und ihre eigene Behausung keinen Schaden genommen hatte. Trotz größter Anstrengungen konnten die Saunders sie nicht beruhigen, Adèle war außer sich bei dem Gedanken, ihre Werke hätten Opfer der Flammen werden können. Sie bedeuteten Adèle sehr viel, und nach dem Feuer begann sie, ihre Papiere (vielleicht war einiges davon ihr Exiltagebuch, das Motton fälschlicherweise für ihre Autobiographie hielt) immer mit sich herumzuschleppen, wenn sie aus dem Haus ging.

Aber damit war es nicht getan. Adèle hatte das Gefühl, daß sie es nicht mehr aushielt, in der Nähe des abgebrannten Hauses zu leben. Obgleich Richard und Sarah Saunders in den anderthalb Jahren, die Adèle bei ihnen wohnte, sie in ihr Herz geschlossen hatten, entschloß sie sich, die Saunders zu verlassen und sich eine andere Bleibe zu suchen. Noch vor Jahresende hatte sie sich ein Zimmer im Haus von Robert und Ellen Motton gemietet, den Eltern ihres Anwalts Robert Motton jun. Auch wenn sie den Saunders nicht viel sagte, war Adèles plötzlicher Drang auszuziehen von mehr als ihrer irrationalen Angst vor Feuer geprägt. Adèle hatte gespürt, daß das gutmeinende Paar sie beobachtete und sogar hinter ihr herspionierte, aber sie wußte nicht, warum. Erst als sie sich in ihrer neuen Behausung in der Cornwallis Straße 46 eingerichtet hatte, fühlte sie sich vor spähenden Blicken sicher.

Die Saunders waren sehr erschrocken, als sich ihre Schutzbefohlene ihrer Obhut entzog. Sie setzten alles daran, Adèle so oft wie möglich scheinbar zufällig auf der Straße oder auf dem Markt, in den Buchläden oder der Bank zu treffen. Wenn sie ihr begegneten, überschütteten sie Adèle mit dem neuesten Klatsch und achteten darauf, daß sie alles, was sie über Pinson gehört hatten, einfließen ließen. Besorgt fragten sie Adèle nach ihren Wünschen. Trotz des Auszugs korrespondierte Mrs. Saunders weiter mit François-Victor, und sie gab Adèle die Anziehsachen und andere notwendige Dinge, die mit dem Schiff aus Europa von François-Victor gekommen oder in Halifax für sie gekauft worden waren:

> Brüssel, 15. Oktober. 1865
>
> M. Hugo sendet Mr. und Mrs. Saunders seine besten Grüße und möchte sie davon unterrichten, daß für Miß Lewly eine Kiste mit Winterkleidung unterwegs ist, die unter dem üblichen Namen Madame Pinsen in ihr Haus geliefert werden soll. M. Hugo hat die zuvorkommende Freundlichkeit von Mr. und Mrs. Saunders nicht vergessen und vertraut darauf, daß bei ihrer Sorgfalt die Kiste der jungen Dame so schnell wie möglich ausgehändigt werden wird.[2]

Da die Saunders den regelmäßigen Kontakt mit Adèle beibehielten, blieben sie deren beste Quelle für Informationen über Vorkommnisse in der Stadt, vor allem aber über das Sechzehnte Regiment – und Pinson. Eines Tages erzählte Richard Saunders, daß abends ein großer Ball stattfinden sollte, den Pinson sicherlich besuchen würde. Gastgeber war Generalmajor Hastings Doyle, Kommandant der Halifax Garnison, und Saunders selbst würde da sein und am Tisch bedienen. Der Kommandant liebte Feste und lud gern in sein herrschaftliches Anwesen Bellevue ein. Es hieß, er habe eine große Schwäche für schöne Frauen, und er war berühmt wegen seiner Einladungen zu üppigen Diners.

An jenem Abend erstrahlte Bellevue im Lichterglanz. Die Gäste strömten durch die Türen, Damen in raffinierten Ballkleidern und Männer in ihren feinsten Militäruniformen oder mit Zylinder und Frack. Auf der anderen Straßenseite am Friedhof lauerte Adèle an ihrem üblichen Platz und wartete auf Pinson. Er ließ nicht lange auf sich warten. Eine elegante Karosse fuhr vor, der Pinson und die Frau entstiegen, die in der Stadt mittlerweile als seine »verheiratete Schwester« bekannt war. Adèle hatte diese Frau einige Monate lang beschattet, und niemals war ein Ehemann aufgetaucht. Sie neigte sehr stark zu der Annahme, daß Pinson die Dame mit mehr Zuneigung behandelte, als bei einer Schwester üblich war.

Als Adèle sah, wie sie ins Haus gingen, überquerte sie schnell die Straße und schlenderte auf die Tür zu. Während sie ihre Karte auf das silberne Tablett legte, flüsterte sie dem Lakai zu, er möge sie nicht ankündigen, sie möchte nur wegen einer dringenden privaten Angelegenheit mit Leutnant Pinson sprechen. Der Diener ging sofort darauf ein und sandte einen Boten, den Leutnant zu suchen. Adèle war bereit, eine Szene zu machen, sie würde sich sogar an den Kommandanten selbst wenden, wenn Pinson sich weigerte, sie zu sehen; ansonsten wollte sie nur sagen, was sie zu sagen hatte, und in aller Stille wieder gehen.

Pinson tauchte alsbald auf. Obwohl er anderes vorgab, war er beträchtlich älter als Adèle, aber in seiner festlichen Uniform gab er immer noch eine gute Figur ab. Er war nicht gerade beglückt zu erfahren, daß Adèle zum Fest erschienen war, und hatte nicht die geringste Lust, mit ihr zu sprechen. Daß sie sich in seine Verlobung eingemischt hatte, konnte er ihr nicht verzeihen, und er hatte sie bewußt immer wieder brüskiert. An diesem Abend aber konnte er ihr nicht entweichen, ohne eine öffentliche Szene zu provozieren. Er nahm Adèle am Arm und führte sie aus dem Haus. Sie gingen die Spring Garden Road zurück Richtung Friedhof. Dort inmitten der Gräber, weit ab von neugierigen Zuschauern, wartete er darauf, daß Adèle loslegte und einen letzten verzweifelten Versuch unternahm, ihn zurückzugewinnen.

Wie er vermutete, hatte Adèles Ansinnen sich nicht geändert; wieder schüttete sie ihm ihr Herz aus. Geduldig, aber leicht gelangweilt, hörte er zu, während sie auf ihn einredete und ihm sagte, daß sie kein anderes Ziel im Leben habe, als ihn zu heiraten, und daß sie diesem Traum ihre Musik, ihre Schreiberei, ja ihr ganzes Leben untergeordnet habe. Sie würde ihm freudig ihr ganzes Erbe überlassen, gestand sie, und sich allen Härten unterwerfen, die er ihr auferlegen würde. Immer wieder hatte sie ihre Hingabe bewiesen. Hatte sie nicht in großer Armut gelebt, während er seine Mußestunden damit verbrachte, Quadrille zu tanzen, in Laienspieltheatern mitzuwirken, Leute zu sehen, Karten zu spielen und an Pferderennen teilzunehmen?

Als Gegenleistung wollte sie nichts weiter, als seine rechtmäßige Frau zu werden. Wegen der Intimität, die sie miteinander geteilt hatten, war sie, wie sie hervorhob, moralisch sowieso schon seine Frau. Adèle erklärte ihr Vorgehen bei der Johnstone-Geschichte damit, daß sie nur ihre Selbstachtung bewahren und den guten Ruf der armen Agnes retten wollte. Sie erinnerte Pinson an sein Versprechen, sie zu heiraten, und nun wolle sie dafür sorgen, daß er es auch tat.

Adèles herzzerreißender Appell ließ Pinson ungerührt. Es hatte sich nicht nur jegliche Zuneigung zu seiner früheren Liebe verflüchtigt, sondern er hatte auch die bis dahin widerwillig gezeigte Toleranz aufgegeben, die er ihr gegenüber entwickelt hatte. Er konnte und wollte ihr die Einmischung in seine Verlobung mit Agnes Johnstone nicht verzeihen, und das sagte er ihr auch.

Dieser Vorfall bedeutete den endgültigen Bruch ihrer Beziehung, und das Gespräch endete abrupt. Adèle stand zwischen den Grabsteinen und beobachte, wie sich Pinsons hochgewachsene, schlanke Gestalt in der Dunkelheit verlor, wie er zurück zur Fröhlichkeit von Bellevue eilte. Nach einer Weile wandte sie sich um und kehrte in ihr kaltes, freudloses Zimmer zurück.

Adèles Sehnsucht, Pinson zu heiraten, verflog nie, aber die drei Jahre selbst auferlegter Not, ungesunder Ernährung, praktisch völligen Alleinseins und fortwährenden emotionalen Aufruhrs hatten ihren Tribut gefordert. Agnes Johnstone war in der Lage gewesen, ihren Liebeskummer in eifrige Missionsarbeit umzuleiten, aber Adèle war für jegliche Beschäftigung außer Schreiben ungeeignet. Tage und Nächte widmete sie dieser Tätigkeit, denn sie war von der Idee besessen, ihren Lebensunterhalt mit Schreiben zu verdienen und sich von der Bettelei um den vierteljährlichen Wechsel zu befreien. Aber sie unternahm keinen realistischen Versuch, ihre Arbeiten veröffentlichen zu lassen. Überall waren Schachteln voller Manuskripte gestapelt; zusammengeknülltes Papier lag auf dem Boden und dem ungemachten Bett verstreut.

Häufig machte sich die einstmals anspruchsvolle Adèle nicht einmal die Mühe, sich anzuziehen oder ihr zerzaustes Haar in Ordnung zu bringen. Auch aß sie nicht mit den Mottons, ernährte sich lieber wie üblich von Brot, etwas Fleisch und Käse, Tee und Schokolade und knabberte gelegentlich an einer Karotte oder einer weißen Rübe. Achtundzwanzig Jahre später berichtete der *Halifax Morning Chronicle* ausführlich über diese Absonderlichkeiten:

> Obwohl Adèle nie ein Pensionsgast mit Vollverpflegung war, hatte sie nicht die geringste Ahnung von Haushaltsführung.

> Ihre Mahlzeiten bestanden aus Eiern, Sandwiches und Schokolade, und ihre Wohnung zeugte nie »von einem Platz für alles und alles an seinem Platz«.
>
> Ihre Garderobe war ausgefallen, sie bestand aus den unterschiedlichsten Kleidungsstücken, wie z. B. einigen kostbaren Abendkleidern, die bessere Tage gesehen hatten, und mehreren guten Kostümen sowie aus Männeranzügen.[3]

Adèle verließ selten ihr feuchtkaltes, unordentliches Zimmer, nicht einmal um zu essen oder sich zu waschen. Der *Morning Chronicle* war nicht ohne Mitgefühl für ihre Verfassung und erinnerte seine Leser daran, daß »Adèle, wäre sie geliebt und nicht auf grausame Art verlassen worden, den ihr angemessenen Platz in der Gesellschaft eingenommen hätte. Mit all ihren wunderbaren exzentrischen Neigungen bewies sie ausgeprägte Fertigkeiten und Kultur, wobei sie immer ihre weibliche Würde bewahrte und nie etwas tat, das ihres Geschlechts unwürdig gewesen wäre.« Die Zeitung packte sogar das heikle Thema der Geisteskrankheit an und zeigte eine für die damalige Zeit recht aufgeklärte Sichtweise:

> Victor Hugos Bruder Eugène war bei der Hochzeit des ersteren und wurde plötzlich vom Wahnsinn ergriffen, Folge einer unglücklichen Liebesgeschichte. Kurze Zeit später starb er, ohne wieder zu Verstand gekommen zu sein. Bei einer derartigen Veranlagung in der Familie ist es nicht weiter verwunderlich, daß Adèles entsetzliche Anspannung, die wegen ihrer selbstauferlegten Abgeschiedenheit noch verstärkt wurde, schließlich auch im Wahnsinn endete.[4]

Adèle konnte zwar ihr exzentrisches Verhalten nicht vollständig verbergen, doch wenige Menschen ahnten das volle Ausmaß ihrer Geisteskrankheit. In den ersten Briefen der Mottons an

François-Victor (Mr. und Mrs. Saunders waren umsichtig genug, sie ihnen gegeben zu haben) stellten sie fest, daß sie an Adèles Verhalten nichts Ungewöhnliches bemerkt hatten, außer einer ungewöhnlichen Erregung über Berichte, die das Sechzehnte Regiment betrafen. Es sollte angeblich versetzt werden. Sie sahen nicht in ihr Zimmer (Adèle ließ niemanden in ihre Behausung, nicht einmal zum Putzen oder Wechseln der Betttücher), auch an ihren Eßgewohnheiten oder ihrer persönlichen Hygiene schien ihnen nichts aufzufallen. Mit der Zeit fanden sie jedoch Adèles Zurückgezogenheit beunruhigend. Sie besuchte niemanden, und niemand besuchte sie. Adèle hatte ihre nächtlichen Streifzüge auf der Suche nach Pinson praktisch ganz aufgegeben, und sie ging nur noch aus, um ihre Briefe abzuholen, wenn zweimal die Woche die Post aus Übersee eintraf. So weit es die Mottons beurteilen konnten, war nur ihre Tochter Ellen in der Lage gewesen, eine Art Freundschaft mit Adèle zu knüpfen. Manchmal spielten sie zusammen Klavier und redeten über Musik, wobei Adèle hin und wieder Geschichten über einige der berühmtesten Komponisten und Musiker Europas erzählte, die sie gekannt hatte.

Pinson brach mit dem Sechzehnten Regiment im Juli 1865 nach Jamaika auf; vor September sollte er nicht zurückkehren. Adèle schien seine Abreise gar nicht bemerkt zu haben, da sie keinerlei Anstalten machte, die Stadt zu verlassen. Aber im Juli 1865 konnte man die radikalen Veränderungen in Adèles Verhalten nicht mehr übersehen. Sie war buchstäblich nicht mehr in der Lage, für sich zu sorgen, und war offensichtlich so aus dem Gleichgewicht, daß die Mottons einen Brief an François-Victor schrieben und Adèles Symptome unverblümt schilderten. Sie berichteten, Adèle verweigere fast jede Nahrung aus purer Sparsamkeit, erlaube nicht, daß in ihrem Zimmer Feuer gemacht wurde und bade nur gelegentlich. Sie lebte fast wie ein Tier. Ihr wunderbares Haar, das einstmals bis auf den Boden gereicht hatte, war nun stumpf, schmutzig und verlaust, so daß Robert Motton sen., nicht nur einen Friseur herbeirief, sondern auch einen Arzt. Man konnte es nur noch abschneiden, so Motton an François-Victor. Noch beunruhigender war Adèles erst kürzlich erworbene Angewohnheit, fast unentwegt in ihrem Zimmer auf und ab zu laufen, wobei sie oft laut mit sich selbst sprach. Mehr als einmal ertrugen die Mottons ihr Gebrüll bis tief in die Nacht hinein, und sie litten mit dieser verwirrten jungen Dame, der sie nicht helfen konnten.

So weit die Mottons wußten, war François-Victor Hugo der einzige wahre Freund ihrer gestörten Untermieterin. Er erhielt ihren Brief 1865 und begriff sofort, daß seine Schwester den Wahnsinn von ihrem Onkel Eugène geerbt hatte. Es mußten aber weitere sechs Monate vergehen, bis François-Victor sich dazu aufraffen konnte, den Inhalt des Briefes seinem Vater mitzuteilen. Selbst dann behielt er noch einige besonders schockierende Details für sich. Am 21. Januar 1866 schrieb François-Victor seinem Vater, daß Adèle

> von ihnen (den Mottons) für zehn Schilling die Woche ein Zimmer ohne Kamin gemietet hatte und sie sich ihr Essen selbst kaufte. Sie aß nicht mehr als dreimal die Woche Fleisch und ernährte sich ansonsten von Tee und Gemüse. Bei dieser Diät schwand sie dahin. Ich habe die Mottons gebeten, sie jeden Tag mit Fleisch zu versorgen, einen Ofen in ihr Zimmer zu stellen, immer ein ordentliches Feuer zu machen, ihr ein gutes Bett zu geben statt der Pritsche, die sie hatte...Meine Anweisungen wurden zwischen Ende Oktober und Anfang Dezember ausgeführt.[5]

Aber es war zu spät. Im nächsten Brief an François-Victor bedankten sich die Mottons für die 150 Franc, die sie erhalten hatten, damit sie Adèles Lebensumstände etwas verbessern konnten, aber sie gestanden ihm auch, daß sie erneut ausgezogen war. Obwohl sie Adèle anflehten, bei ihnen zu bleiben, so der Bericht der Mottons, hatte Adèle es rundheraus abgelehnt mit der Begründung, ihr plötzlicher Entschluß, sich für einige Zeit aufs Land zu begeben, gehe auf Anraten ihres Arztes zurück. So weit sie wußten, lebte Adèle auf einer kleinen Farm etwa vier Kilometer von Halifax entfernt.

Adèle hatte versprochen, zu den Mottons zurückzukehren, und als Beweis für ihre guten Absichten hatte sie einen Teil des Gepäcks zurückgelassen.[6] Aber sie war ruhelos und nicht mehr in der Lage, für sich selbst zu sorgen. So war es nicht überraschend, daß die Familie Hugo in den nächsten Monaten nichts mehr von Adèle hörte; sie gab niemandem ihre neue Adresse. Der Wechsel von zu Hause erreichte sie jedoch noch immer – er wurde direkt zur Halifax-Bank geschickt, wo sie ihn eigenhändig abholte.

Zwischen Januar und Mai 1866 verlor sie den letzten, schon brüchigen Kontakt zur Wirklichkeit. Sie nahm erneut ihre nächtlichen Wanderungen auf, und man begann über die verrückte Französin zu tuscheln. Eine geistesabwesende Adèle war gesehen worden, wie sie in einem Gewand aus Sackleinen, das aus einer Verpackungskiste stammte und mit Nadeln zusammengehalten war, umherlief und unentwegt vor sich hinmurmelte. Man sah sie spät in der Nacht in ihrem Herrenanzug, wie sie um Bellevue, Province House oder die Freimaurerloge herumlungerte, Orte, an denen Pinson die Nächte gern durchgetanzt hatte.

Robert Motton befürchtete wie viele andere zu Recht, daß sie verrückt geworden war – »wahnsinnig aus Liebe«, wie er später einem Reporter vom *Morning Herald* berichtete. Nur er und sein Kanzleipartner, J. W. Longley (später Richter Longley und Mitglied der Regierung von Nova Scotia) wußten, daß Miß Lewly/Madame Pinsen in Wirklichkeit Adèle Hugo war. Ein Vierteljahrhundert später würde Longley für eine amerikanische Zeitschrift einen spannenden und mitfühlenden Artikel über die

»geheimnisvolle Französin« schreiben, in dem er ihre wahre und bis dahin geheimgehaltene Identität enthüllte.[7]

Adèle fuhr fort, fieberhaft zu schreiben, aber sie hatte keine Vorstellung, wie sie es anstellen sollte, ihre Arbeiten zu verkaufen. Mehrere Male bot sie Robert Motton Teile ihres Manuskripts an, mit die Bitte, sie zu veröffentlichen, und sie versicherte ihm, daß er damit »die Welt in Erstaunen versetzen« würde. Ihr eigener Vater, behauptete sie, hätte oft gesagt, er halte sie für eine hervorragende und ausdrucksstarke Schriftstellerin – weit besser, als er selbst –, kein geringes Lob für jemanden, der so auf sich bezogen war. Entweder verkannte Motton den Wert der angebotenen Arbeiten, oder er war nicht davon überzeugt, daß Adèle genügend Verstand im Kopf hatte, um einzuschätzen, was sie da weggeben wollte. Und so lehnte er ihre Angebote ab.

Es war Robert Motton wohl zu verzeihen, daß er Adèles Arbeiten falsch einschätzte. Zu jener Zeit gab es nur wenige Schriftstellerinnen, und wenn man auch schon von einigen gehört hatte, waren sie wohl nicht in Halifax zu finden. Aber dennoch schrieb sie unverzagt, vielleicht ohne sich der Schwierigkeiten bewußt zu sein, fieberhaft und wie besessen weiter. Ein Jahr später war Adèle wieder umgezogen, dieses Mal in das Haus von James Kerr, einem Zollbeamten. Kerr, seine Frau Jane und ihre drei Kinder (Emma, Frances und Clifford) wohnten am südlichen Stadtrand in der Pleasant Straße 38. Adèles Zimmer ging nach vorne heraus, und sie stand stundenlang am Fenster und sah den Kutschen zu, die zwischen Point Pleasant Park und Kissing Brücke verkehrten. Sie kaufte weiterhin große Mengen Schreibpapier, aber sie hatte nun einen weiten Weg bis zum Papierladen in der Granville Straße. Auch bei schlechtem Wetter leistete sie sich nie den Luxus einer Droschke. Auch hatte sie wegen des kärglichen Essens kaum Energiereserven; folglich war sie immer froh, wenn sie die Stufen des Papierladens erreicht hatte.

Auf Guernsey wiederum hatte die Familie Adèle nicht vergessen; sie war – ungewollt – in ihren Herzen und ihren Träumen lebendig. Victor Hugo berichtete in seinem Notizbuch, daß er in der Nacht vom 16. auf den 17. Dezember 1865 im Morgengrauen von einer Stimme geweckt worden war, die wie die Adèles klang. Am 16. Januar 1866 schrieb er seiner Frau, daß der Grund für seine traurige Stimmung die Gedanken an Adèle in Halifax seien. In der folgenden Nacht litt er wieder an Schlaflosigkeit, und wieder hatte er an Adèle gedacht: Sie war nun sechsunddreißig Jahre alt und bald aus dem gebärfähigen Alter heraus; heiratsfähig war sie schon jetzt nicht mehr; ein ruhiges Junggesellinnendasein konnte ihre einzige Zukunft sein. Aber solange sie im Ausland blieb und fast vergessen war, würde man ihr gesellschaftliches Versagen nicht erklären müssen.

Im Januar 1866, nicht lange nachdem die Familie Hugo den Kontakt zu Adèle verloren hatte, erhielt François-Victor einen Brief von einem weiteren Fremden, der vorgab, Informationen über seine Schwester zu haben. Der Mann, der sich nur als »Monsieur Penchenat« zu erkennen gab, berichtete, daß Adèle fast einen Monat bei Mrs. M. Cliffe in der Brunswick Straße 47 gelebt habe. Der Fremde offenbarte nicht, wie er Adèles Identität herausgefunden hatte und woher er wußte, daß die Familie ungeduldig auf eine Nachricht über ihren Verbleib wartete. Er brachte die Meinung zum Ausdruck, daß Adèles Verschwinden auf den Zorn ihres Vaters zurückzuführen sei, eine Beobachtung, die François-Victor weit von sich wies. Dieser erinnerte sich dunkel daran, daß er dem Mann im Frühjahr 1859 auf Guernsey begegnet war, und er versicherte seinem Vater, daß Monsieur Penchenat offenbar keine Ahnung von dem eigentlichen Grund für Adèles einsamen Aufenthalt in Halifax hatte. Obwohl er praktisch nichts über Monsieur Penchenat wußte, beschloß François-Victor, seine Hilfe in Anspruch zu nehmen. Er sollte Adèle im Auge behalten und mit Hugos vorgestrecktem Geld dafür sorgen, daß ihre Vermieterin sie mit allem versah, was sie brauchte. Er schlug vor, der Mann könne vielleicht Adèle davon überzeugen, nach Hause zu kommen, oder sogar bis Liverpool oder Crookhaven in Irland begleiten, wo François-Victor auf sie warten und sie in Empfang nehmen würde. Der Plan wurde nie ausgeführt.

Etwa zur selben Zeit schrieb Mrs. Saunders an François-Victor. Sie hatte Gerüchte gehört, daß das Sechzehnte Regiment, das schon längere Zeit auf einen neuen Befehl wartete, auf die Westindischen Inseln beordert werden sollte. Im Sommer 1865 war das Regiment schon einmal nach Jamaika gesandt worden. Sicherlich würde Miß Lewly Leutnant Pinson nicht bis dorthin folgen, so lautete Mrs. Saunders Überlegung, sondern doch wohl lieber zu ihrer Familie zurückkehren. François-Victor teilte erfreut Mrs. Saunders Meinung:

> Guernsey, 5. Februar, 1866
>
> Meine liebe Mrs. Saunders,
>
> Ich bin Ihnen wirklich außerordentlich dankbar für ihre freundlichen Zeilen. Ihre Information kam höchst gelegen…Ich hoffe, Miß Lewly kann endlich dazu gebracht werden, zu ihrer eigenen Familie zurückzukehren. Ihre Mutter ist sehr begierig, sie wieder zu Hause zu haben, und wurde leider durch eine ernsthafte Unpäßlichkeit daran gehindert, selbst den Ozean nach Halifax zu überqueren. Sie möchte dies nachholen, sobald der Frühling einsetzt. Bis dahin seien Sie so freundlich und halten Sie uns auf dem laufenden über das, was sie zu tun gedenkt.[8]

Madame Hugo ist nie nach Halifax gereist, um ihre verlorene Tochter heimzuholen. Ihre Gesundheit verschlechterte sich zusehends, und ihr Schmerz über den Verlust Adèles verstärkte nur ihre Probleme. Sie verbrachte nun die meiste Zeit in Paris, da sie nicht in der Lage war, das Leben auf Guernsey ohne ihre Tochter zu ertragen. Ein Teil des Problems war Victor Hugo. Sein Ego war mit seinem Ruhm gewachsen, und er war noch unberechenbarer und gegenüber seinen Kindern und seiner seit langem leidenden Frau noch fordernder geworden. Er beklagte sich fortwährend über ihre mangelnde Loyalität, wenn sie anderer Meinung waren, und er beschuldigte sie, ihn im Stich zu lassen, wenn sie ohne ihn Urlaub machen wollten. Er selbst machte regelmäßig und offen *sans famille* mit Juliette Drouet Urlaub.

Madame Hugo hegte keinen Groll mehr; sie hatte sogar Juliettes Anwesenheit formell anerkannt und bezog sie in den Familienkreis mit ein. Für Madame Hugo war der äußere Schein bedeutungslos geworden; als sie Juliette anerkannte, gestand sie nur sich selbst ein, daß ihr Mann und sie seit Jahren – eigentlich seit 1830 und ihrer eigenen Affäre mit Sainte-Beuve – getrennte Leben gelebt hatten.

Auch Adèle wußte, daß mit dem Weggang des Sechzehnten Regiments eine Veränderung verbunden sein würde; das Datum war auf Mai festgelegt worden – und sie begann Vorbereitungen für die Abreise zu treffen. Pinson war nie wieder in England gewesen, seit man ihn nach Halifax geschickt hatte – und so war ein Urlaub überfällig; sie hatte sogar gehört, daß er dabei war, sich nach Schottland einzuschiffen. Es war jetzt die Zeit, überlegte sie, die Gelegenheit zu nutzen und sich Ferien zu gönnen. Wenn es so war, beschloß Adèle, würde sie bei ihm sein. Aber es war gar nicht so einfach, Halifax zu verlassen, wie sie zunächst angenommen hatte:

> Trotz vorhergegangener Vorkommnisse (war) Adèle Hugo entschlossen, (Pinson) zu folgen, in der Hoffnung, daß er, nachdem er die weltlichen Ausschweifungen aufgegeben hatte, ehrenhaft das erfüllen würde, was sie für eine heilige

Verpflichtung hielt, an die sie beide gebunden waren. Es bestand die Möglichkeit, daß der Leutnant Urlaub bekommen und für eine kurze Zeit nach Hause zurückkehren und später am neuen Standort zu seinem Regiment stoßen könnte, eine Gunst, die im allgemeinen nur wenigen Offizieren bei einer solchen Gelegenheit gewährt wurde.[9]

Adèle hatte keine Möglichkeit herauszufinden, ob Pinson um Urlaub gebeten oder ob seine Nachfrage unbegreiflicherweise abgewiesen worden war. Aber ihr war bekannt, daß die Cunard-Liniendampfer alle acht Tage nach Liverpool fuhren. Es gab nur eine Möglichkeit sicherzustellen, daß Pinson nicht ohne sie aus Halifax entwischte: In den nächsten sechs Wochen packte Adèle jede Woche ihre Koffer und mietete den Kutscher Thomas O'Brien, damit er sie an den Tagen, an denen die Cunard-Dampfer Richtung England ablegten, zur Anlegestelle brachte. Vom frühen Morgen bis zu dem Augenblick, da das Schiff die Anker lichtete, saß sie in der Kutsche und lauerte auf Pinson. Dabei paßte sie auf, daß sie hinter den Vorhängen verborgen blieb, damit er sie nicht entdeckte und in letzter Minute noch seine Reisepläne änderte.

In der Zwischenzeit hatten die Hugos keine Ahnung, wie nahe sie daran waren, ihre widerspenstige Tochter zurückzubekommen. Zweifellos plante sie auch, Pinson nach England zu folgen, weil dort ihre Familie und andere einflußreiche Leute auf Pinson hätten Druck ausüben können, damit er sie heiratete. Es sollte nicht sein:

Diese Vorsichtsmaßnahme erwies sich jedoch als völlig überflüssig, denn als das Regiment (am 11. Mai 1866) die Garnison schließlich verließ, ging Pinsen mit nach Barbados. Pinsen wußte nur allzugut, unter welchen Entbehrungen diese unglückliche Frau seinetwegen gelitten hatte, aber er war ein durch und durch herzloser und egoistischer Mann, der keine Seele, kein Ideal und keinen anderen Ehrgeiz kannte, als sich auf die bequemste Art Geld für ein geruhsames Leben zu beschaffen.[10]

Adèle war nur noch eine unerwünschte Person im allgemeinen Truppengefolge.

Los Barbados

Barbados, 1866–1871

Man glaubte, daß sie wohl eine schreckliche Tragödie durchlitten hatte, und allmählich stellte sich heraus, daß es einen Hauptmann Pinson gab, der auf Barbados stationiert war, und sein Name wurde irgendwie mit dem der hübschen, geheimnisvollen Frau in Verbindung gebracht.

New York Times[1]

Die Reise nach Bridgetown verlief ereignislos, doch Adèle erschien sie endlos. Ihre Nerven hatten es nicht zugelassen, die Fahrt zu genießen, nicht einmal als der rauhe Atlantik ins ruhige Azurblau der Karibischen See überging. Der ständige Ostwind hatte die Reise etwas länger werden lassen, aber diese Naturerscheinung machte es seit ewigen Zeiten möglich, die Insel, die hundertsechzig Kilometer östlich der karibischen Inselkette liegt, hervorragend zu verteidigen. Bald konnte Adèle das kleine Koralleneiland klar erkennen; es war von »los barbados« eingefaßt, jenen riesigen, bärtigen Feigenbäumen, die dem Ort seinen Namen gaben.

Die Mannschaft holte die Segel ein, als das Schiff sich anschickte, im Hafen vor Anker zu gehen. Adèle war es schon unbehaglich heiß in ihrem schweren Seidenkleid, das sich mit Korsett und Krinolinen besser für das neblige Guernsey oder das frostige Halifax eignete. Es war Juni, und schon stieg die Temperatur tagsüber meistens auf über dreißig Grad Celsius. Vor November würde es wahrscheinlich nicht mehr kühler werden. Kurze Zeit später stieg Adèle zögernd aus der Barkasse, die die

Passagiere zum Anlegeplatz brachte. Die kleine, aber blühende Kolonie war als Klein-England bekannt und verdankte seinen Wohlstand dem Zucker; sie war so reich an Zuckerrohrfeldern, daß man die Insel als das strahlendste Juwel in der englischen Krone bezeichnete. Nachdem auch ihr Schrankkoffer aus der Barkasse gehievt worden war, stand Adèle ein paar Minuten da und versuchte, ihrer Umgebung eine vertraute Ordnung abzuringen. Schwitzende Schauermänner schwärmten um sie herum und waren mit dem Laden und Entladen von Frachtgütern beschäftigt. Frauen mit hoch aufgebundenen Kopftüchern und leuchtend roten und blauen Kleidern trugen majestätisch Töpfe und Pakete auf dem Kopf, während kleine Kinder unter der brennenden Sonne und den sich wiegenden Palmen vergnügt neben ihnen her hüpften.

Ein Mann lud sich ihren Koffer auf die Schulter und dirigierte sie in Richtung eines wartenden Pferdes, das vor einen zweirädrigen Wagen gespannt war. Nickend gab Adèle ihr Einverständnis und folgte. Dieses Mal jedoch konnte sie es sich nicht leisten, denselben kostspieligen Fehler wie bei ihrer Ankunft in Halifax zu machen. Adèle wußte, daß sie nicht die Mittel hatte, um in ein Hotel zu ziehen, nicht einmal in ein billiges und nicht einmal für eine einzige Nacht. Sie bat den Kutscher, sie zu einer Pension zu bringen, möglichst in der Nähe der Garnison von St. Ann. Sie nahm an, daß dort die Offiziere des Sechzehnten Regiments untergebracht waren. Während sie durch die Straßen fuhren, bestaunte Adèle ihre neue Umgebung. Menschentrauben drängten sich auf den Märkten in der Baxter-Straße; sie galt am Ort als »die Straße, die nie schlief«. Ein betäubender Geruch von Gebratenem, geschlachtetem Vieh und der beißende Gestank von Meerestieren hingen in der Luft. Seeigel, Delphine, fliegender Fisch und Königsdorschfilets, cous-cous, gewürzte süße Kartoffeln, gekochte Schweinsköpfe und -füße und andere lokale Gerichte wurden von Frauen zum

Verkauf angeboten, die in riesigen, über offenem Feuer hängenden Eisentöpfen rührten. In den zahlreichen Rumläden spielten alte Männer im Halbdunkel Domino und nahmen das unaufhörliche Rattern der schwer beladenen, über die Straßen rumpelnden Karren gar nicht wahr. Nach einiger Zeit hielt der Kutscher auf einer ruhigen, palmengesäumten Straße an und wies auf das Haus von Mrs. Chadderton. Wieder nickte Adèle zum Einverständnis, fächelte mit ihren Handschuhen dem geröteten Gesicht Kühlung zu und stieg von der Kutsche. Sie dachte nur noch daran, sich schnell ihrer unbequemen, verschwitzten Kleider zu entledigen und ein kühlendes Bad zu nehmen. Morgen würde sie damit anfangen, Nachforschungen über Albert Pinson anzustellen.

Sie fand ihn ohne Schwierigkeiten. Die Garnison war nicht so riesig und ausgedehnt wie die in Halifax. Die britischen Offiziere fielen ins Auge, und Pinson mit seinem legendären Hang zum vornehmen Leben war bald stadtbekannt.

Obwohl Adèles Verhalten in Bridgetown zu Anfang vielversprechend war, verfiel sie bald wieder in ihre alten Gewohnheiten, einschließlich ihrer besessenen Schreiberei, ihrer Ruhelosigkeit bis spät in die Nacht hinein – und der Beschattung Pinsons. Erneut begann sie nachts auszugehen, sich und ihre Kleidung zu vernachlässigen. Noch Monate nach ihrer Ankunft hatte sie sich nicht die Mühe gemacht, ihre Wintergarderobe gegen eine für die Tropen angemessenere einzutauschen. In diesem heißen Klima trug sie weiterhin ihre Mäntel, ihre schweren Seidenkleider und sogar ihre Pelze; dazu wurden die Sachen durch das ständige Tragen schäbig und schmutzig.

Adèle schien weder die Hitze noch die unverhohlene Belustigung der Bewohner zu bemerken. Jahre später erschien folgender Brief in der *New York Tribune,* der einfach mit »P« unterzeichnet war:

Ich schreibe von meinen Kindheitserinnerungen ... eine Frau von vornehmster Erscheinung kam auf der fremden Insel an. Sie war groß und schön, mit schwarzem Haar und schwarzen Augen, die mich erschreckten. Wenn sie entspannt waren, schienen sie voller Melancholie, flatterten jedoch ihre Augenlider leicht, schien ein seltsames, wildes Feuer sie zu entflammen.

Niemand kannte ihre Herkunft. Sie war nie in Begleitung, wenn sie die Straße entlangging, und sie ging häufig früh am Morgen oder spät am Abend aus. Diese bezaubernde Frau so ungewöhnlich gekleidet auf der Straße zu sehen, schmerzte mich, denn sie wurde von Kindern geneckt. Es tut mir leid, erzählen zu müssen, daß ich eines Tages einen vollständigen Mangel an Respekt ihr gegenüber beobachtete, und sah mich, jung wie ich war, gezwungen, sie zu beschützen. Ich werde nie die höfliche Anerkennung vergessen, die sie mir mit einem liebenswürdigen Blick und einem Nicken des Kopfes zu verstehen gab. Selbst heute noch empfinde ich die Traurigkeit, die mein junges Herz erfüllte; ein Geheimnis, groß und heilig, umgab sie, und es erschien mir undurchdringbar.

Ihre Garderobe erhöhte noch das Rätsel; sie trug keine leichte Tropenkleidung, sondern schweren Samt, Seide und manchmal Pelze. All dies zeugte von einem Zuhause weit weg im Norden, einem verlorenen Zuhause, und einem Geist, der in irgendeiner merkwürdigen Phantasie untergegangen war.

Sie hatte, wie ich mich erinnere, ein Zimmer bei Madame Chadderton, aber die anderen Hausbewohner kannten sie nicht, da sie selten mit jemandem sprach. Man behauptete, sie besitze Koffer voller herrlicher Kleider, die sie nie trug. Sie schrieb unentwegt und hatte Schachteln voller Manuskripte. Nach einiger Zeit wurde sie unter dem Namen

Madame Pinson bekannt. Jedermann nahm an, daß sie eine Frau aus gutem Hause und mit ausgezeichneter Erziehung war. Einige dachten, sie sei Italienerin, andere wiederum hielten sie für eine Französin, da sie beide Sprachen sprach.[2]

Seit ihrer frühesten Kindheit hatte Adèle sich schwer getan, Freundschaften zu schließen; sie hatte es nicht verstanden, über sich selbst zu lachen, und junge Freundinnen oder Freunde, die sie gewonnen hatte, hielten sie für zu ernsthaft, zu leidenschaftlich und zu introvertiert. Dennoch fehlte es ihr nicht an Gesellschaft. In Wahrheit waren viele Besucher, die die Hugos in Paris aufsuchten – ältere Musiker, Komponisten, Schauspieler und Schriftsteller, meist Männer und alle Freunde der Familie oder große Bewunderer Hugos – vorbehaltlos von ihrer stillen, frommen Schönheit angetan. Später in der düsteren Einsamkeit von Marine Terrace und dem Hauteville-Haus hatte sich Adèle daran gewöhnt, viel Zeit allein mit Komponieren, Schreiben und Grübeln zu verbringen. Nachdem sie von zu Hause weggegangen war, lebte sie buchstäblich die ganze Zeit allein, eine Situation, an der sich auch in Barbados nichts änderte. Selbst die freundliche Offenheit der Inselbewohner half wenig, um Adèle aus ihrem schützenden Panzer der Einsamkeit herauszulocken. Sie gab ihre wahre Identität niemals preis, wollte auf keinen Fall ihre Zurückgezogenheit aufgeben.

Eine Vertriebene ohne Zuhause, Freunde und Heimat – ein armes unglückliches Geschöpf in einer einsamen und trostlosen Welt! Mit ihrer Schönheit, ihren Talenten und ihren Familienverbindungen hätte sie ein Schmuckstück der europäischen Gesellschaft sein können. Aber dieser übermächtige Antrieb der Liebe, der häufig das Leben der Menschen und die Ereignisse der Geschichte durcheinandergewirbelt hat, trieb sie unaufhaltsam in ein unaussprechlich elendes Leben.[3]

Nach ihrer Ankunft in Barbados hatte Adèle erneut jeglichen Kontakt mit der Familie auf Guernsey verloren. François-Victor wartete wie der Rest der Familie ungeduldig auf ein Lebenszeichen. Ihm war klar, daß seine Schwester auf den vierteljährlichen Wechsel angewiesen war, und er war begierig, ihn ihr zu schicken. Es vergingen einige Monate, bis Adèle ihm schrieb, wo sie sich befand. Außer ihrem Wechsel, berichtete sie, brauche sie unbedingt neue, für das Klima von Barbados angemessene Kleidung. Offensichtlich hatte Adèle endlich die Unzulänglichkeit ihrer Wintergarderobe erkannt, aber sie kaufte sich selbst keine neuen Kleider. Vielleicht fehlten ihr die Mittel.

Ab Dezember 1866 korrespondierten Adèle und François-Victor erneut regelmäßig.

Im Dezember 1866

Liebe Mutter,

Ich habe einen weiteren Brief von Adèle erhalten. Das günstige Klima, das keinen Winter kennt, bekommt ihr weiterhin gut. Sie wartet ungeduldig auf den Schrankkoffer, der sie mit Garderobe versorgen wird. Dieser Koffer, der am 2. November mit dem Schiff von Southampton abgegangen ist, müßte jeden Tag in Barbados ankommen. Ich habe die Frachtkosten von 72 Franc 20 Cent bezahlt. Es ist etwas teurer als Halifax, aber die Entfernung ist ja auch sehr viel größer.[4]

Kurz danach kam ein weiterer Brief von Adèle an die Adresse François-Victors, dieses Mal für Madame Hugo.

21. Dezember 1866

Meine liebe Mutter,

Ich habe mit der letzten Post einen netten Brief von Adèle erhalten. Das liebe Kind hat in riesigen Buchstaben geschrieben, so daß Sie ihn lesen können.

… Sie genießt weiterhin das wunderbare karibische Klima, und ihre Gesundheit, die sich unter dem eisigen Himmel von Halifax verändert hatte, ist wiederhergestellt. Sie hofft, Sie im nächsten Jahr zu sehen, und hat eine verführerische Beschreibung von der Reise über den Atlantik gegeben. Sie hat nicht erwähnt, ob das Geld und der Koffer angekommen sind.[5]

Adèle erhielt die ersehnten Sachen, einschließlich leichter, für die Tropen geeignete Kleidung, bevor der Monat zu Ende ging. Sie schrieb sofort an ihren Bruder, um sich zu bedanken. François-Victor gab die Nachricht gleich an die besorgte Madame Hugo weiter:

2. Januar 1867

Liebe Mutter,

ich wollte Ihnen zu Neujahr schreiben, aber ich beschloß zu warten, bis ich Ihnen mein Neujahrsgeschenk schicken konnte. Dieses Geschenk sind gute Nachrichten von Adèle. Ich habe gestern einen Brief von unserem armen, lieben Kind erhalten. Das Geld und der Brief waren gerade erst angekommen, als sie ihren Brief schrieb, und das war Anfang Dezember. Offensichtlich funktioniert unsere Kommunikationsverbindung zwischen Europa und Barbados gut.

Ich hoffe, dieses Jahr wird die früheren Jahre wiedergutmachen und uns alle wieder miteinander vereinen.[6]

François-Victors Optimismus war schnell dahin, denn Adèle hatte ihre Familie erneut irregeführt, indem sie sie glauben machte, ihre Rückkehr stehe bevor. Es war ein grausamer Schlag für Madame Hugo. Sie war nicht nur Zeugin der Auflösung ihrer Familie geworden, die mit Charles' Abreise 1861 begann, sie fand auch die Isolierung auf Guernsey – und die Zornesausbrüche ihres Mannes – kaum noch zu ertragen. Charles Baudelaire, der zu den Kanalinseln pilgerte, um den Meister zu besuchen, schrieb, daß Hugo »mich sehr gelangweilt und angestrengt hat. Ich möchte weder seinen Ruhm noch sein Vermögen haben, wenn ich gleichzeitig auch seine enormen Absonderlichkeiten *mein eigen* nennen müßte. Madame Hugo ist halb verrückt, und seine beiden Söhne sind riesige Dummköpfe. Wenn Du sein letztes Buch lesen willst, schicke ich es Dir sofort.«[7]

Im Jahre 1865 verließen Madame Hugo und François-Victor Guernsey für immer. Hugo blieb allein im Hauteville-Haus zurück. Nur Juliette Drouet harrte noch in Hauteville aus. Sie allein war offenbar noch gewillt, Hugo und seine Launen zu ertragen. Paul Stapfer, ein Französischlehrer am Royal Elizabeth College auf Guernsey, erzählte, daß weder François-Victor noch Charles ihren Vater ein einziges Mal in drei Jahren besuchten.[8] Ohne seine Familie, die für den häuslichen Rahmen sorgte, den er so dringend brauchte und der besänftigend auf sein Ego wirkte, war Hugo verloren. Trotz seines Ruhms widmete ihm die vornehme Gesellschaft von Guernsey wenig Aufmerksamkeit; die meisten Leute gaben vor, über seine Liaison mit Juliette Drouet entsetzt zu sein, obgleich selbst seine Familie, einschließlich Madame Hugo, ihre Gegenwart als wohltuend empfand und sie schon längst akzeptiert hatte. Die Lokalzeitungen berichteten bewußt weder von Hugos Abreisen noch von seiner jeweiligen Rückkehr, eine ungewöhnliche Tatsache in einer Zeit, in der alles Kommen und Gehen registriert und veröffentlicht wurde.

Der enge Freund der Familie und Mitverbannte M. Kesler gab Stapfer genügend Grund zu glauben, daß das Zerbrechen der Familie zu einem nicht geringen Teil auf die Zornesausbrüche des Poeten zurückzuführen war. »Wenn er in einem solchen Zustand war«, schrieb Stapfer, »war Madame Drouet der einzige Mensch, der die Macht hatte, ihn in seine Schranken zu weisen. Seine Schwägerin (Julie Foucher Chenay) konnte sagen, was sie wollte, nichts beruhigte ihn, und versuchte sie zu argumentieren, wies er sie brutal und grob zurecht.«[9]

Madame Hugo stattete Guernsey einen letzten Besuch im Januar 1867 ab. Obwohl Hugo glücklich darüber war, seine Frau zu sehen, kehrte sie bald nach Paris zurück, um sich einer Behandlung ihres Augenleidens zu unterziehen. Am 27. August 1868 starb sie in Brüssel an Herzversagen. Ihr größter Wunsch, ihre Tochter noch einmal zu sehen, ging nicht in Erfüllung.

Als Madame Hugo starb, verlor Adèle ihre größte Fürsprecherin, und am 13. Oktober 1869 starb auch Charles Sainte-Beuve. Er war vielleicht neben Madame Hugo der einzige Mensch, der wirklich verstand, wie sehr Adèle aus Liebe gelitten hatte.

La Presse erinnerte daran, wie er

> Tag und Nacht in einem stillen und nüchternen, mit Büchern vollgestopften Arbeitszimmer gearbeitet hatte, das er selten verließ. Er starb auf einem schmalen Mönchsbett. Er wurde am 18. Oktober begraben, man legte einen großen Veilchenkranz aufs Grab – eine Ehrenbezeugung, vermutet man, von der Cousine des Kaisers, Prinzessin Mathilde. »Aber haben Sie je wirklich geliebt, Monsieur Sainte-Beuve?« hatte sie ihn einmal in ihrer direkten, gebieterischen Art gefragt. Es gibt keinen Zweifel, daß er geliebt hatte. »Ich hatte weder einen Frühling noch einen Herbst«, hatte er 1852 geschrieben. »Ich hatte nur einen trockenen, sengend heißen Sommer ... einen Sommer, der alles verschlang.«[10]

Kein Mitglied der Familie Hugo, auch kein treuer Anhänger Victors, und nicht einmal Adèles Patenonkel, brachten jemals den Willen auf, Adèle nach Hause zu holen. François-Victor

Adèle Foucher Hugo in Brüssel, 1865

war immer noch völlig von seiner langen und oft frustrierenden Aufgabe, Shakespeares Werke zu übersetzen, in Anspruch genommen. Er hatte einen festen Vertrag mit seinem Verleger Pagnerre, mit dem er sich ständig wegen Geld, Abgabeterminen und Länge sowie Qualität des Endprodukts stritt. Er konnte nicht einmal die Arbeit an seinem Projekt unterbrechen, in das er schon mehr als fünfzehn Jahre Arbeit investiert hatte, ohne den ganzen Vertrag zu gefährden.

Victor Hugo zog nie in Betracht, selbst ins Ausland zu fahren, um seine Tochter zurückzuholen. Er war intensiv mit Schreiben beschäftigt, was schon an Besessenheit grenzte, und hatte sich außerdem um seine vielen, parallel laufenden außerehelichen Affären zu kümmern. Adèle selbst hatte seit ihrem Aufbruch im Jahre 1863 immer wieder versprochen, nach Hause zurückzukehren, und zu diesem Zweck zahllose Male ihrem Vater große Summen Geldes aus der Tasche gelockt. Ihre Versprechen waren ins Leere gesprochen. Vielleicht hatte sie Angst vor seinem Zorn, trotz seiner scheinbaren Bereitschaft, sie wieder aufzunehmen. Wahrscheinlich schickte sie immer noch Geld an Pinson in dem vergeblichen Versuch, ihn zurückzugewinnen:

> Pinson war in Barbados wegen seiner Leidenschaft für Pferderennen bekannt, dem Lieblingssport der Insel. Er hatte ein Pferd, das angeblich wahre Wunder vollbringen konnte, aber ich selbst glaube, daß es damit nicht weit her ist. Dem Inseltratsch nach kannte der Herr und Meister mehr Tricks als sein Pferd.
>
> Nach einiger Zeit sahen wir die traurige Frau mit den wilden Augen nicht mehr. Pinson war leicht zu vergessen, aber diese Frau niemals. Man wird sie immer als die unglückselige Tochter des größten Dichterfürsten der Welt, Victor Hugos, in Erinnerung behalten.[11]

Die Nachricht vom Tod ihrer Mutter, den ihr François-Victor in einem Brief mitteilte, mag bei Adèle einen Rückfall in den Wahnsinn verursacht haben; kurz darauf wurde die Straße ihr Zuhause. Man konnte sie zu allen Tages- und Nachtzeiten in Bridgetown umherwandern sehen, sie murmelte vor sich hin und sprach zu den in ihrem Kopf ständig präsenten Stimmen. Zum Schluß brachten die Bewohner von Bridgetown Adèle mit Pinson in Verbindung, der 1867 endlich Hauptmann geworden war. Da er nicht in der Lage war, sich eine Beförderung zu kaufen, blieb er neun Jahre lang Leutnant; erst als eine nichtkäufliche Offiziersstelle frei wurde, konnte er in einen höheren Rang aufsteigen.

Im Jahre 1869 wurde das Regiment nach Dublin verlegt, und Pinson zog mit. Entschlossen, Pinsons neuen Posten als Ausrede für ihre Heimkehr zu nutzen, schrieb sie in jenem Frühling an François-Victor, sie plane, im Sommer Guernsey zu besuchen. Sie bat um 500 Franc für die Reisekosten. François-Victor gab am 7. April die Nachricht an seinen Vater weiter, fügte aber hinzu, daß er keine Ahnung habe, ob seine Schwester es wirklich ernst meinte. Er wies jedoch darauf hin, daß die Familie es kaum zulassen könne, Adèle aus Geldmangel im Exil zu halten. Wieder einmal veranlaßte Victor Hugo die Geldüberweisung, aber dieses Mal zog er es von ihrem Erbe ab. »Wenn sie ankommt«, schrieb er in sein Tagebuch, »werde ich es ihr zum Geschenk machen.«[12] Die Familie war enttäuscht, aber kaum überrascht, als Adèle nicht auftauchte.

Adèle Hugo und Albert Pinson begegneten einander nie wieder.

Obwohl es den Anschein hatte, Victor Hugo kümmere sich nicht um seine Tochter, dachte er immer wieder über sie nach und sorgte für sie, wie viele kurze Tagebucheintragungen beweisen. Die meisten haben die unglaublichen Summen, die er für sie ausgab, zum Inhalt. »Ich denke an Adèle – Adèles Trimester (für die Zahlung); Wechsel für Adèle; 7000 Franc für Adèle«;[13] »Ich habe (François-Victor) 945 Franc gegeben, zur Überweisung an Adèle für das Trimester vom 1. Januar 1872 bis 1. April.«[14] Hugo korrespondierte nicht direkt mit seiner Tochter, er zog es vor, die Kommunikation über François-Victor laufen zu lassen. Am 27. März 1870 fragte Hugo seinen Sohn: »Hast du Adèle erzählt, daß meine Arme offen sind?« und am 11. Juni 1870 drängte er ihn, es ihr noch einmal zu schreiben, »meine Arme sind offen. Ich bin alt. Mein größtes Glück wäre, wenn ich euch alle bei mir haben könnte.« Am 2. Dezember 1870 schrieb er: »Ich segne meine Tochter Adèle. Ich verspreche, auf sie achtzugeben. Der Tod ist die unsichtbare Anwesenheit. Meine Seele wird sie zum Lächeln bringen und sie beschützen.«[15]

Aber niemand konnte Adèle vor Pinsons Eheschließung schützen. Seine Braut war Catherine Edith Roxburgh, die einzige Tochter eines Oberstleutnants namens James Roxburgh. Ihr Vater war zu Ende des Jahres 1869 bei vollem Gehalt von den Indischen Streitkräften Ihrer Majestät pensioniert worden. Das Paar lernte sich wahrscheinlich durch Pinsons Onkel kennen, den Oberstleutnant Albert Pinson, der wie Roxburgh in Irland gelebt und auch in Indien gedient hatte. Inzwischen war Pinson in den Vierzigern, wenn nicht sogar älter. Trotz seines Alters hatte sein unfehlbarer Charme wieder einmal gewirkt und eine Frau von beträchtlichem Status und Reichtum (eine besonders wichtige Erwägung für Pinson im Falle seiner Pensionierung) zu ihm hingezogen. Am 31. März 1870 heirateten Pinson und Miß Roxburgh in der St. John's-Kirche in Hampstead in England.[16] Ein Kamerad aus der Armee stellte fest, daß Pinsons Frau ein jährliches Einkommen von 15 000 Pfund gehabt haben sollte.

Im Laufe des Jahres 1869, nachdem Pinsons Regiment Barbados verlassen hatte, nahm Madame Céline Alvarez Baa, eine frühere Sklavin aus Trinidad, Adèle zu sich. Zu jener Zeit war

Adèle mittellos und wanderte murmelnd durch die Straßen. Bemerkenswerterweise übernahm niemand von der Garnison oder andere in Barbados lebende Europäer die Verantwortung für Adèle, obwohl ständig über ihre Verbindung mit dem Hauptmann Pinson getuschelt wurde. Über Adèles Zustand zu dieser Zeit ist nichts bekannt, aber offensichtlich war Madame Baa in der Lage, sie so gut zu pflegen, daß sie als fast gesund gelten konnte. Ein Dominikanermissionar aus Trinidad erzählte einen Teil der gemeinsamen Geschichte dieser beiden Frauen:

> Vor etlichen Jahren, als das barmherzige Geschöpf in Barbados lebte, wo sie einst eine Sklavin gewesen war, traf sie eine Frau, die arm und geistesgestört zu sein schien. Die Negerin war voller Mitleid, brachte sie in ihr eigenes Haus und umsorgte sie mit größter Hingabe. Nach einiger Zeit fand sie heraus, daß die unglückliche Frau die Tochter von Victor Hugo war. Ein Offizier, dem sie nach Halifax und später nach Barbados gefolgt war, hatte sie im Stich gelassen. Ihre Traurigkeit brachte sie aus dem Gleichgewicht. Ihre Wohltäterin schrieb, als sie wußte, wer sie war, ihrem Vater in Paris einen Brief.[17]

Adèles Tage im Exil würden bald zu Ende sein; zumindest schien es so.

»... toter als die Toten«

Paris, 1872–1885

> Victor Hugo hatte seine schwerkranke Tochter in Empfang genommen und schickte sie in ein Sanatorium nach Vincennes. Zunächst war er voll rührender Hoffnung, daß sie wieder genesen würde. Solange er lebte, besuchte er sie regelmäßig einmal die Woche, und die Stunden vergingen in dem Versuch, in diesem verzweifelten Wesen Spuren seiner verlorenen »Dédé« zu finden.
>
> *New York Times*[1]

Düstere Nachrichten aus Barbados, schrieb Victor Hugo am 14. Januar 1872 in sein Tagebuch.[2] Die schlechten Neuigkeiten betrafen Adèle, und sie kamen völlig überraschend in Form eines deutlichen und beunruhigenden Briefes von ihrer Beschützerin, Madame Céline Alvarez Baa. Hugo war von der Beschreibung des mitleiderregenden Zustands seiner Tochter zutiefst betroffen. Er war 1870 nach dem Sturz Napoléons III. nach Paris zurückgekehrt. Für Madame Baa war es nicht schwierig gewesen, in den Stapeln von Papieren, die Adèle mit sich führte, seine Adresse zu finden, und sie zögerte keinen Augenblick, dem Dichter zu schreiben und von Adèles Geisteszustand zu berichten.

Hugo hatte sich schon mit dem absonderlichen Verhalten seiner Tochter abgefunden, mit ihrer Pinson-Besessenheit und ihrer Weigerung, nach Hause zurückzukehren. Aber es gab nicht allzuviel, wohin sie hätte zurückkehren können. Vom Clan der Hugos war nur noch der Dichter selbst, der unheilbar kranke François-Victor, die beiden Kinder von Charles, Georges und Jeanne – Charles war im Jahre 1871 gestorben – und Adèle übriggeblieben. Hugo machte kein Aufhebens mehr von den vierteljährlichen Geldsendungen an Adèle und hatte gerade wieder alles in die Wege geleitet, um ihr die Summe zu schicken, als er Madame Baas Brief erhielt. Zum ersten Mal war er ohne Umschweife über die schrecklichen, demütigenden Umstände unterrichtet worden, unter denen seine Tochter die ganze Zeit gelebt hatte.

Obwohl François-Victor lange über das exzentrische Verhalten Adèles und ihre selbst auferlegte Armut informiert gewesen war, hatte er doch jedesmal die Schläge abgemildert, wenn er seinem Vater von ihren letzten Eskapaden erzählte. Bis zu diesem Zeitpunkt hatte Hugo das volle Ausmaß des Zusammenbruchs seiner Tochter nicht gekannt. Eigentlich hatte François-Victor seinen Optimismus nie verloren und glaubte, Adèle könne nach Hause zurückkehren und sich wieder in die Gesellschaft der Oberschicht eingliedern. Er nahm auch an, daß sich ihr Zustand auf Barbados gebessert hätte.

Aber Madame Baas Brief öffnete allen die Augen. Hugo erfuhr vom Wahnsinn seiner Tochter und wie besorgniserregend ihr Zustand – der in den letzten Jahren bestenfalls als bedrohlich bezeichnet werden konnte – sich verschlechterte. Nach fast neun Jahren war für Adèle der Zeitpunkt gekommen, ihr selbst geschaffenes Exil zu verlassen und nach Hause zurückzukehren, selbst wenn sie schon lange aufgehört hatte, Frankreich ihr Zuhause zu nennen. Adèle widersetzte sich offenbar nicht oder war dazu gar nicht in der Lage, denn Madame Baa informierte Victor Hugo, daß sie ihm seine Tochter selbst bringen wolle. Sie würden am 22. Januar 1872 ankommen.

Es war für Madame Baa eine riskante Entscheidung, Adèles Rückkehr in die Hand zu nehmen. Das Abenteuer bedeutete eine beträchtliche Summe Geldes – 1000 Franc für zwei einfache Fahrkarten, die sie sich von ihrem Bekannten, Mr. Werder aus Martinique, borgte.[3] Ihre Rückreise würde Madame Baa weitere 500 Franc kosten; sie würde auf Victor Hugo bauen müssen, daß er ihre Schulden bezahlte und sie wieder heimschickte.

Am betreffenden Tag sandte Hugo seinen alten Freund und Arzt, Dr. Émile Allix zum Hafen von Saint-Nazaire, um Adèle und Madame Baa abzuholen. Die Entfernung von Paris ist ziemlich groß, und als er ankam, stellte Dr. Allix bestürzt fest, daß die beiden nicht eingetroffen waren; das Datum für die Ankunft des Schiffes stimmte nicht. Es würde erst am 8. Februar vor Anker gehen. Am 30. Januar erhielt Hugo einen weiteren Brief aus Barbados. Dieses Mal gab es Optimistischeres über Adèle zu berichten; es ging ihr etwas besser. Am 8. Februar wurde Dr. Allix erneut losgeschickt, und wieder war das Schiff nicht eingetroffen. Es wurde jedoch in Kürze erwartet, und der Arzt hinterließ Anweisungen, daß man ihm, sobald es vor Anker liege, nach Paris telegraphiere. Das Telegramm erreichte ihn am 11. Februar, und Dr. Allix benachrichtigte Hugo. Adèle war zurückgekehrt. Sie würde am 12. Februar in Paris sein.

Schließlich brach der Tag an, auf den Hugo so lange gewartet hatte. Sein Tagebuch jedoch spiegelt nicht die fröhliche Erregung eines Mannes wider, der nach neun Jahren zum ersten Mal seine Tochter wiedersehen würde. Im Gegenteil, die Knappheit des Eintrags läßt vermuten, daß Hugo ihrem Wiedersehen mit gemischten Gefühlen entgegensah. »Meine Tochter ist angekommen«, schrieb er kurz angebunden. »Morgen wird sie hier sein.«[4] In den folgenden vierundzwanzig Stunden war Hugo mit seinen Gefühlen gegenüber der ungebührlichen Tochter ins reine gekommen, und väterliche Zärtlichkeit trug den Sieg davon – ganz anders als seine frühere egozentrische Reaktion auf Adèles Flucht von zu Hause. Er notierte: »Adèle kam heute morgen um vier Uhr bei Dr. Allix an. Er hat mir von ihrem Zustand erzählt. Mein armes, liebes Kind. (François-) Victor wird sie heute sehen. Sie hat Émile Allix nicht erkannt. Die Negerin, die sie begleitete, Mme. Baa, ist ihr sehr ergeben.«[5]

Victor Hugo sah seine Tochter erst zwei Tage nach ihrer Ankunft. Am 13. Februar 1872 suchte Hugo genau um fünf Uhr nachmittags Dr. Allix in der Rue de Rivoli 178 auf; Adèle und ihr Vater waren nach fast einer Dekade der Trennung wieder miteinander vereint. Hugo war auf die groteske Veränderung in der Erscheinung und dem Verhalten seines jüngsten Kindes nicht vorbereitet. Seine einst so schöne Tochter sah völlig heruntergekommen aus.

> Ich habe sie wiedergesehen. Sie hat Victor nicht erkannt. Aber sie hat mich erkannt. Ich habe sie umarmt. Ich sagte ihr Worte der Zärtlichkeit und Hoffnung. Sie war ruhig und machte manchmal den Eindruck, als schlafe sie. Es ist gerade ein Jahr her, daß ich mit Charles, der nicht lebend zurückkehren sollte, nach Bordeaux aufgebrochen bin. Heute sehe ich Adèle wieder. Was für ein Jammer![6]

Der erste Besuch bei seiner Tochter erschütterte Hugo zutiefst. Derselbe Mann, der seinen wahnsinnigen Bruder über viele Monate hin selbstlos unterstützt und gepflegt hatte, hielt es fast nicht aus, in Adèles Nähe zu sein. Ihre Hilflosigkeit stieß ihn fast genauso ab, wie ihre früheren Versuche, unabhängig zu sein. Die Zeit, Armut und Krankheit hatten diese einst so hinreißende Frau zerstört. Für Hugo hatte die Zweiundvierzigjährige keine Ähnlichkeit mehr mit der Adèle, an die er sich erinnerte. Teilnahmslos starrte sie vor sich hin; sie erkannte nicht einmal ihren eigenen Bruder, geschweige denn enge Freunde der Familie wie Dr. Allix. Ihre Haare, schon vor langem gestutzt, weil sie unfähig war, sie zu pflegen, hingen nun strähnig herunter. Ihre einst modisch schmucken Kleider waren schmutzig und abgetragen, und ihr Gesicht war von der Tropensonne gegerbt und faltig.

Noch beunruhigender als Adèles Aussehen und Verhalten waren die Stimmen, die sie zu hören behauptete. In ihrer Phantasie sah Adèle sich von Menschen umringt, unter ihnen war Léopoldine, mit der sie unentwegt in merkwürdigem Ton sprach. Zeugen dieses Gebarens beschrieben Adèles Stimme als tief und metallisch. Hugo ließ keine Zeit verstreichen und befolgte die gutgemeinten Ratschläge von Dr. Allix und seinem Kollegen Dr. Axenfeld, Adèle müsse in eine Nervenheilanstalt geschickt werden. Damals war Geisteskrankheit eine höchst peinliche Angelegenheit und wurde deshalb von den Angehörigen geheim gehalten. Adèles Daueraufenthalt in einer Anstalt erschien allen Betroffenen als die klügste Maßnahme.

In seinem Tagebuch notierte Hugo, er habe »das bestmögliche« Sanatorium für seine Tochter ausgesucht, die »Maison de Mme. Rivet« in der Grand'Rue 106 des Pariser Vororts Saint-Mandé. Zwei Tage später, am 17. Februar, wurde Adèle dort mit aller Diskretion aufgenommen. Bitter hielt Hugo in seinem Tagebuch fest, daß »sich eine Tür geschlossen hatte, düsterer als die des Grabes«.[7]

Eine Woche später, am 22. Februar, besuchten Hugo und Dr. Allix Adèle in ihrem neuen Heim. Physisch hatte sie sich von den Unbilden ihres langen Aufenthaltes in den Kolonien und der Reise von Barbados schnell erholt; auch ihre seelische Verfassung hatte sich nach ihrer Ankunft in Paris gebessert. Die ausgezehrte Schlafwandlerin, die in Saint-Nazaire ausgestiegen war, nahm allmählich wieder zu. »Ich habe mein armes Kind gesehen. Es schien ihr besser zu gehen«, schrieb Hugo liebevoll. Aber das liebevolle Empfinden reichte nicht aus, um in ihm den Gedanken aufkommen zu lassen, Adèle wieder nach Hause zu holen. »Ich möchte sie so häufig sehen, wie die Ärzte es zulassen, aber sie raten mir, nicht zu viele Besuche zu machen«, notierte er in sein Tagebuch. »Ich bin gegangen, mein Herz war etwas weniger schwer. Adèle schien glücklich, mich zu sehen.«[8]

Der Aufruhr, der mit Adèles Rückkehr verbunden war, wurde schnell von anderen Ereignissen in Hugos Leben überlagert. Am 19. Februar war im Odéon-Theater sein Stück *Ruy Blas* mit großem Erfolg wieder auf die Bühne gebracht worden. Die Königin von Spanien (eine Rolle, die Hugo zu Ehren seiner Frau geschaffen hatte) wurde von der sensationellen, jungen Schauspielerin Sarah Bernhardt gespielt. Sie riß alle mit, und nach ihrer umwerfenden Darstellung kniete Hugo nieder, um ihr anerkennend die Hand zu küssen. Damit begann die Affäre zwischen der achtundzwanzigjährigen Schauspielerin und dem siebzigjährigen Dramatiker. Trotz seines Alters war Hugo der Liebeslust nie abgeneigt, und selbst Sarah Bernhardt genügte ihm nicht. Er hatte nämlich noch eine andere Eroberung im Sinn, die vielleicht weniger berühmt, aber gewiß nicht weniger exotisch war: Céline Alvarez Baa.

Am 23. Februar 1872 schrieb Hugo recht prahlerisch in sein Tagebuch, daß Madame Baa »schwarz war, aber dennoch in den Kolonien als Dame« galt.[9] Der Eintrag gab nur einen schwachen Hinweis darauf, wie begehrenswert Hugo sie fand; auf jeden Fall war die Verführung Madame Baas bald vollbracht. Vielleicht war sie nur ein weiteres Exemplar in seiner Sammlung, denn er schrieb kurz und bündig in sein Tagebuch, sie ist »die erste Negerin in meinem Leben«[10]. Hugo versäumte es, Juliette Drouets Reaktion auf sein neuestes Liebesbegehren festzuhalten, auch sprach er nicht davon, ob seine neueste Partnerin freiwillig mit ihrem greisenhaften Schuldner ins Bett ging. Madame Baa war schon mit über 1 000 Franc verschuldet und von Hugos gutem Willen abhängig, wenn sie nicht nur die geliehene Summe zurückzahlen, sondern auch wieder nach Hause fahren wollte.

Am 8. März drückte Madame Baa ihr Vertrauen gegenüber Hugos Versprechen, er werde ihr das Geld erstatten, durch die

Rückgabe von Adèles oder vielmehr Madame Hugos Schmuck aus. Dieser war in einem traurigen Zustand, da Adèle ihn bei ihrem Halbnomadenleben im Ausland immer mit sich herumgeschleppt hatte. Das meiste war zerkratzt oder beschädigt, dennoch war Hugo glücklich, ihn zurückzubekommen. »Ich habe den Ring meiner Frau wieder«, schrieb er zufrieden. In einem Anfall von Großzügigkeit schenkte er Madame Baa »zwei Goldarmbänder, eine Brosche und goldene Ohrringe« als Erinnerung an Adèle.[11]

Hugo und Madame Baa sahen einander erneut am 10. und am 11. März, als sie ihm mitteilte, sie wolle am nächsten Tag nach Barbados abreisen. Hugo wartete bis zum letzten Augenblick, bevor er ihre Ausgaben erstattete und ihr auch das Geld für die Rückreise gab. Da er es offensichtlich genoß, den europäischen Halbgott zu spielen, fügte er als Beigabe noch ein »goldenes Schmuckstück« hinzu. Sonst bot er ihr nichts, trotz der offenkundigen Tatsache, daß Madame Baa große Einkommensverluste wegen der Reise hatte hinnehmen müssen – wie sie ihren Lebensunterhalt bestritt, ist nicht bekannt. Vor ihrer Abreise schickte Madame Baa ihr Porträt an Hugo, als letztes Zeichen ihrer Zuneigung.

Erst am 16. März fand Hugo erneut die Zeit, um seine Tochter zu besuchen. Ob zur moralischen Unterstützung oder um einer zusätzlichen medizinischen Meinung willen – jedenfalls brachte er Dr. Allix mit. Später schrieb Hugo in sein Tagebuch:

> Adèle ist sehr ruhig und sehr lieb. Sie hat mir die Hände geküßt und gesagt: »Ich bin glücklich.« Sie ist von dem Gedanken besessen, daß unsichtbare Personen mit ihr sprechen. Mir brach das Herz. Arme liebe Seele! Aber da sie mir nun nahe ist, empfinde ich keine Angst mehr. Zumindest bin ich hier. Ich habe ihr meinerseits die Hände geküßt und ihr

gesagt: »Habe vor nichts und niemandem Angst. Du bist deinem Vater und Gott nahe.« Sie hat mich umarmt und gesagt: »Ich bin glücklich.« Sie weigerte sich, ihre neuen Hausschuhe anzuziehen. Ich sagte zu ihr: »Meine Tochter, zieh sie an.« Sie gehorchte. Ich habe ihr ein Klavier bringen lassen. Sie macht ein wenig Musik und schreibt eine Menge, will es mir aber nicht zeigen. Die Ärzte haben mich gebeten, seltener zu kommen.[12]

Hugo fügte sich; sein nächster Besuch war am 22. Mai. Dieses Mal begleitete ihn Juliette Drouet nach Saint-Mandé, wo sie das Grab ihrer eigenen Tochter besuchte, Claire Pradiers (ihr Kind von dem Bildhauer James Pradier), die am 21. Juni 1846 gestorben war. Hugo schrieb, Adèle »schien zufrieden. Ihre Fixierung besteht fort. Sie hört eine Stimme, die mit ihr redet und gemein zu ihr ist. Ich habe ihr beim Abendessen geholfen. Sie hat einen guten Appetit. Sie hat mir gesagt, sie habe mir geschrieben. Im ganzen geht es ihr besser, aber nur körperlich. Ich habe sie gebrochenen Herzens verlassen.«[13]

Hugos Besuche regten Adèle auf. Manchmal weigerte sie sich, mit ihm zu reden, und wirkte so regungslos, daß er sich fragte, ob sie schlief; bei anderen Gelegenheiten schnatterte sie endlos über die Stimmen, die sie hörte. Durch ihren Vater kamen offenbar die Geister der Vergangenheit wieder über sie. Hugo selbst plagten die gleichen Dämonen wie Adèle, nur nicht so stark. Adèle hatte eigenhändig notiert, ihr Vater gehe »nicht ohne eine Art Grauen zu Bett und klagte darüber, mit einem ›heiligen Schrecken‹ vor seinen nächtlichen Besuchen aufzuwachen«.[14] Außerdem glaubte Hugo, daß ein Anflug von Wahnsinn sich förderlich auf künstlerisches Schaffen auswirke. Er war »ehrlich davon überzeugt, daß der kreative Antrieb auf irgendeine Weise mit Chaos zu tun hat. Die Furcht wird häufig durch eine spielerische Phantasie unterdrückt oder gemildert.«[15] In späteren Jahren glaubte man, daß Hugos psychische Labilität die Quelle seines Genies war – daher Jean Cocteaus Bemerkung: »Victor Hugo war ein Wahnsinniger, der dachte, er sei Victor Hugo.«[16]

Am 1. Juni 1872 schließlich erhielt Hugo von Dr. Allix gute Neuigkeiten über Adèle. Ihr merkwürdiges Verhalten hatte fast ganz aufgehört; ihre physische Gesundheit war wiederhergestellt, und sie hatte sogar wieder angefangen, sich zu pflegen. »Sie bat darum, ausgehen zu dürfen, zog sich ordentlich an, ging eine Stunde in Begleitung Madame Rivets spazieren, kaufte in einem Kurzwarengeschäft ein und lebte diese Stunde lang ein normales Leben. Tröstlich.«[17]

Doch ihre Rückkehr in die normale Welt reichte nicht aus, um eine Entlassung aus der Anstalt zu erreichen, auch fühlte sich ihr Vater nicht bemüßigt, sie häufiger zu besuchen. Nachdem Hugo die Nachricht von ihrer bemerkenswerten Genesung bekommen hatte, setzten seine Besuche länger als ein Jahr aus. Wieder einmal hatte der Dichter andere Dinge im Kopf. Am 7. August 1872 verließen Hugo und Juliette zusammen mit Alice Hugo, Charles' Witwe, und den beiden Enkeln Georges und Jeanne Paris, um sich für einen längeren Aufenthalt im Hauteville-Haus auf Guernsey einzurichten. Juliette hatte jedoch den Fehler begangen, Blanche-Marie Lanvin aufzufordern, sie zu begleiten. Blanche-Marie war eine attraktive junge Frau von dreiundzwanzig Jahren, die Tochter guter Freunde Juliettes. Wie zu erwarten war, begann Hugo in jenem September eine Affäre mit seinem jungen Gast.

Zu jener Zeit siechte François-Victor an Nierentuberkulose dahin. Doch Hugo verschob seine Reise nach Guernsey nicht. Am 18. März 1873 berichtete Hugo seinem Sohn, daß Dr. Allix »geschrieben hat, Dir gehe es immer besser, und ich hoffe, daß unsere liebliche und wunderbare Insel Dich bald zu Gesicht bekommen wird; diese frische Luft gibt Kraft, das Leben steigt aus dem Meer empor, komm und sauge es bald in Dich auf, soviel Du kannst, und Du wirst sehen, wie glücklich Du sein wirst.«[18] Es entbehrte nicht einer gewissen Ironie, um nicht zu sagen einer gewissen Gefühllosigkeit, Guernsey so lyrisch zu beschreiben und ein so unbegrenztes Vertrauen in ihre Macht zu setzen, Körper und Seele heilen zu können. Seine drei Kinder hatten dieses Kanalinsel-Gefängnis gehaßt. Darüber hinaus war es der Ort, wo François-Victors Verlobte im Jahre 1865 auch an Tuberkulose gestorben war; wie konnte die Insel eine Quelle liebevoller Erinnerungen für François-Victor sein? Hugo besuchte seinen Sohn erst wieder am 31. August 1873. Am 26. Dezember 1873 starb er.

Nach dem Tod seines Sohnes schrieb Hugo: »Wieder ein Schlag in meinem Leben, und dieses Mal ein tödlicher. Ich habe nichts mehr außer Georges und Jeanne.«[19] Adèle wurde nicht erwähnt; sie war zur namenlosen Verpflichtung degradiert, auf die ihr Vater sich nicht persönlich einlassen wollte. Hugo bezahlte nicht einmal die Rechnungen selbst (die sich vierteljährlich auf 1 500 Franc beliefen); diese widerwärtige Aufgabe erledigte Dr. Allix für ihn.

Am 7. August 1873 erhielt Adèle einen weiteren Besuch von ihrem Vater:

> Um 1 Uhr 30 fuhren wir nach Saint-Mandé, Juliette Drouet und ich, sie, um ihre Tochter zu sehen, ich die meine, beide in ihren Gräbern, leider! Ich fand Adèle in demselben seelischen Zustand vor, aber körperlich ging es ihr besser, sie war dicker geworden und sah besser aus. Sie umarmte Georges und Jeanne.[20]

Hugos nächster Besuch bei Adèle war am Valentinstag 1874. Er trug in sein Tagebuch ein, daß sie noch immer besessen sei, aber doch in einem guten physischen Zustand. Im Mai wurden die Überreste von Charles' erstem Sohn, der 1868 im Alter von einem Jahr in Belgien gestorben war, zum Pariser Friedhof Père-Lachaise, nicht weit von Saint-Mandé, überführt. Am 13. Mai besuchte Hugo sowohl den Friedhof als auch seine Tochter. Die Besuche deprimierten ihn offensichtlich, denn er hielt fest, daß Adèle »toter als die Toten war, Gott sei's geklagt«.[21]

Bis zum 5. Juni 1874, dem nächsten Besuchstermin bei seiner Tochter, hatte sich Adèles Zustand gebessert. Doch der Besuch beeindruckte ihn sehr. »Es gibt Gefühle, die keine Spur hinterlassen sollen. Mein gestriger Besuch bei meiner armen Tochter, wie niederdrückend!«[22] Neun Tage später besuchte Hugo erneut seine Tochter, und wieder empfahlen die Ärzte, er möge nicht so häufig kommen. Er nahm ihren Rat nicht zur Kenntnis und erschien am 2. Juli erneut.

In dieser Zeit verschlechterte sich Adèles psychische und physische Verfassung zunehmend. Hugo beschrieb sie als »immer in demselben überreizten Zustand, den die Fieberschübe noch verstärkten.« Dieses Mal versetzte ihm ihre Verfassung einen derartigen Schrecken, daß er den ärztlichen Rat befolgte und bis zum 6. Mai 1875 fortblieb:

> Himmelfahrt. Juliette und ich in Saint-Mandé. Sah mein armes Kind. Immer derselbe Zustand. Sie hatte einen kleinen Jungen von zwei Jahren bei sich, den Sohn einer Bediensteten des Hauses, den sie gut leiden kann und der sie amüsiert.[23]

Hugos nächster Besuch fand kurz danach statt, am 22. Juni. Danach verging wieder einige Zeit, bis er Adèle wiedersah. Statt dessen schickte er am 9. September seine Schwägerin Julie Foucher Chenay zu Besuch ins Heim von Madame Rivet. Er schrieb, er wage es nicht, Adèle zu besuchen, »aus Furcht, ihr etwas Böses anzutun und ihre Fixierung zu wecken.« Ihre Tante heiterte Adèle offensichtlich auf, denn Madame Chenay berichtete Hugo, daß es Adèle gut gehe und sie »sich über das kleine blaue Band, das ich (Hugo) ihr schickte, sehr gefreut hat.«[24] Hugo besuchte seine Tochter erst im folgenden Jahr wieder, am 19. Juni 1876. Adèle flehte ihren Vater an, sie aus dem Heim herauszunehmen – ob nur für einen Tag oder für immer, ist nicht klar –, aber er lehnte ab. »Ach«, schrieb ein niedergeschlagener Hugo in sein Tagebuch, »wir sollten erkennen, wie weh wir einander tun.«[25] Bis zum nächsten Besuch verging wieder ein Jahr. Am 27. Juni 1877 schrieb Hugo, daß er und Juliette zu »den beiden Gräbern« fuhren. Adèle wurde von einem weiteren langen Schizophrenieschub heimgesucht, und Hugo notierte wehmütig, daß »die Begegnung zwischen meinem armen Kind und mir schlecht verlief«[26] – so schlecht, daß Hugo sie bis zum 18. Juni 1878 nicht mehr besuchte. Ihre Verfassung konnte sich nicht gebessert haben, denn er gab keinen Kommentar über seinen Besuch ab.

Am 29. Juni 1878 war die Heftigkeit des Schubes etwas abgeklungen. An jenem Tag schrieb sie einen Brief an ihren Vater. Der Inhalt ist von Interesse, da er nicht nur bezeugt, daß Adèle klar bei Verstand war, sondern auch, daß sie sich entschlossen hatte, die Anstalt zu verlassen, und sei es nur für eine kurze Zeitspanne:

Sanatorium von Madame Rivet,
Geborene Brière de Boismont
gestiftet nur für Damen
Grand'Rue de Saint-Mandé 106

Samstag, den 29. Juni 1878

Mein lieber Vater,

ich habe Dir schon einen Brief geschickt und Dich um mehrere Dinge gebeten, unter anderem, mir das Gold zukommen zu lassen. Ich würde mich sehr über unmittelbare Resultate freuen, die es bis jetzt nicht gegeben hat.

M. Baudoin, Herausgeber von »The National«, hat seine Stellung verloren, als der Verleger wechselte. Er möchte sie wiederhaben. Vielleicht könntest Du die Situation in Augenschein nehmen, wenn es Dich interessiert, und zusehen, was Du tun kannst.

Vergiß nicht, zu kommen und mich abzuholen, auch Madame Leontine und eine weitere Person, und komm' heute oder so bald wie möglich. Ich bestehe darauf, daß Du uns hier herausholst. Komme heute oder morgen!

Vergiß es nicht, ich bestehe darauf. Bring uns Gold.

Deine respektvolle und Dich liebende Tochter Adèle.[27]

Adèles erste Bitte, ihr Vater möge ihr Gold bringen, bezieht sich wahrscheinlich auf den Schmuck ihrer Mutter. Sie hatte ihn jahrelang gehütet, ihn trotz ihrer Armut im Ausland nicht verkauft. Die Umstände ließen es nicht zu, so daß weder dieser Wunsch noch ihr zweiter, Hugo möge kommen und sie aus dem Heim herausholen, erfüllt wurde. An dem Tag, an dem sie den Brief schrieb, erlitt Hugo einen leichten Schlag- oder Herzanfall, den die Ärzte als »Blutandrang vor dem Herzen« bezeichneten.

Seine labile Gesundheit hielt Hugo ein weiteres Jahr von Adèle fern, und wieder gab er keinen anderen Kommentar zu ihrem Treffen ab, als zu bemerken, es habe stattgefunden. Am 14. November 1879 jedoch konnte Hugo berichten, daß sich Adèles Zustand verbessert hatte. »Sie harkt den Sand auf einem Gartenweg. Das macht ihr Spaß. Sie hat *Hernani* (eines der frühen Stücke Hugos) gesehen. Es ist alles in Ordnung.«[28]

Das Leben hatte sich für Adèle in einer vertrauten, wenn auch langweiligen Gangart eingependelt. Sie gewöhnte sich an die tägliche Routine bei Madame Rivet und durfte von Zeit zu Zeit ausgehen, um einzukaufen oder ein Theater zu besuchen (wenn auch immer in Begleitung). Es machte Adèle zweifellos traurig, daß ihr Vater nie eine Möglichkeit sah, sie zu besuchen. Doch die Ausflüge in die Außenwelt und die täglichen Übungsstunden an ihrem geliebten Klavier schienen sie zu befriedigen. Sie erhielt wenig Besuch, da niemand – abgesehen von ihrer direkten Familie und einigen engen Freunden wie Auguste Vacquerie und der Schriftsteller Paul Meurice – wußte, daß sie noch lebte.

Adèle führte ein ruhiges, abgeschiedenes Leben. Sie war zurückhaltend und unterwürfig geworden, außer bei den nächtlichen Kämpfen mit ihren persönlichen Dämonen. Der Wunsch nach Freiheit und Unabhängigkeit hatte sie offensichtlich verlassen; sie sprach nie über Albert Pinson und schien alles über ihre aufreibenden Jahre im Ausland vergessen zu haben.

Inzwischen war Adèles Einlieferung in ein Heim auch formell bestätigt worden, es gab für sie keine Chance mehr, ins normale Leben zurückzukehren. Im August 1881 tauchte eine Erinnerung an vergangene Jahre der Freiheit auf. Madame Baa unternahm erneut die Reise von Barbados, um ihren früheren Schützling – und ihren früheren Liebhaber – zu sehen. Sie kam am 3. August an, exotisch wie immer, und brachte Hugo einen Strauß bunter Vogelfedern mit. Erneut versäumte Hugo es, eine schriftliche Anmerkung über Juliettes Reaktion auf Madame Baa zu machen. Vielleicht hatte sie sich mit Hugos Eroberungen abgefunden, denn sie begleitete das Paar auf seinem Besuch bei Adèle. Leider verzeichnete Hugo nicht, ob seine Tochter ihre alte Freundin und Beschützerin erkannte, oder andere Einzelheiten über ihre Begegnung.

Hugo besuchte im Verlauf des nächsten Jahres seine Tochter noch dreimal, aber seine ganze Aufmerksamkeit galt Juliette, die an Darmkrebs litt. Nach dem 4. September 1882 (dem Jahrestag von Léopoldines Tod) verzeichnete der alternde, kranke Hugo keine weiteren Besuche in seinen Notizbüchern, und Adèle war innerhalb der Mauern von Madame Rivets *»Haus«* sich selbst überlassen.

Im folgenden Jahr 1883 starb Juliette Drouet. Mehr als ein halbes Jahrhundert lang war sie Hugos Geliebte und dreißig Jahre lang seine Sekretärin gewesen. Als Hugo 1870 nach Paris zurückkehrte, hatte Juliette eine Wohnung unter der seinen in der Rue de Clichy gemietet; Alice Hugo, Charles' Witwe, die wieder geheiratet hatte und nun Mme. Edouard Lockroy hieß, wohnte ein Stockwerk über dem Dichter. Juliettes Tod war ein Schlag für den Dichter, nicht nur weil er Juliettes gefällige Gesellschaft vermißte, sondern weil sie in mühevoller Arbeit seine schlampigen und oft kryptischen Manuskripte abgeschrieben hatte. Darüber hinaus hatte sie lange die Rolle einer Ehefrau für ihn gespielt. Juliette hatte wie vor ihr Madame Hugo die fortwährenden Affären Hugos, seinen Egoismus und seine Launenhaftigkeit hingenommen. Sie war seine ständige Begleiterin und übersah die zahllosen negativen Seiten dieses energiegeladenen Menschen. Als sie starb, war Hugo allein – mit Ausnahme seiner geliebten Enkel und natürlich Adèles.

Am 25. Februar 1885 feierte Victor Hugo mit seinen Enkeln und einigen vertrauten Freunden seinen dreiundachtzigsten Geburtstag. Adèle war zu den Festlichkeiten nicht geladen, doch nahm offenbar das ganze übrige Paris auf irgendeine Weise daran teil. Auf der Straße vor seinem Haus, wieder Avenue Victor Hugo genannt, drängten sich den Aussagen des *New York Times*-Korrespondenten nach sechstausend Menschen. Sie waren alle gekommen, um dem großen Mann ihre Hochachtung zu erweisen. Die *Pall Mall Gazette* nannte Hugo »den König von Frankreich«; nur der Korrespondent der *New York Times* wagte zu erwähnen, wie sehr das Alter ihn gezeichnet hatte:

> Für einen Fremden scheint der alte Mann die absurdesten Dinge zu tun. Seine kunstvolle Ausdrucksweise ist ihm eine

> dringende Notwendigkeit, die ihm zweifellos keine Mühe macht, aber sie wirkt häufig zu pompös.
>
> Sein Haushalt ist für einen echten Republikaner, so wie der Begriff hier zu verstehen ist, außergewöhnlich autokratisch.[29]

Weitere Geburtstage sollte Hugo nicht mehr feiern. Innerhalb von drei Monaten würde der alte Dichter sich dem gegenübersehen, was ihn seit langem beschäftigte: dem eigenen Tod. Mitte Mai wohnte Hugo der Einführung des Diplomaten Ferdinand Lesseps in die Académie française bei, begleitet von Auguste Vacquerie und Paul Meurice. Trotz der für die Jahreszeit ungewöhnlichen Kälte stand Hugo während der Zeremonie zehn Minuten lang barhäuptig, den Hut in der Hand. Am späteren Abend fiel ihm das Atmen schwer; die Presse vermutete, daß er sich trotz seiner eisernen Konstitution die Grippe zugezogen hatte. Man schickte nach Dr. Allix. Zwei Tage später hatte sich Hugos Verfassung nicht geändert, und er blieb – was für ihn ganz ungewöhnlich war – im Bett. Zwei Tage später diagnostizierten seine Ärzte einen Blutstau in der Lunge mit Komplikationen im Herzbereich – wahrscheinlich Lungenentzündung und Herzkrankheit. Besorgte Freunde, Journalisten und selbst völlig fremde Menschen strömten in seine Wohnung. In seinem bombastischen Stil warnte er sie: »Es ist das Ende; ich spüre, daß ich sterben werde.« Er hatte recht. Am Freitag, dem 22. Mai 1885, starb Victor Hugo um 1 Uhr 30 in seiner Pariser Wohnung.

Kurz vor seinem Tod ließ Hugo seine Enkel herbeirufen, damit sie ihm nahe waren, aber von Adèle war nicht die Rede. Als des Dichters Ableben verkündet wurde, gehörte der *New York Times*-Korrespondent zu denjenigen, die fälschlicherweise glaubten, daß »alle Mitglieder der Familie Hugo vor ihm gestorben sind.«[30] Die falsche Aussage kam aber der Wahrheit nahe. Denn Adèle war schon seit vierzehn Jahren »toter als die Toten«, wie ihr Vater gesagt hatte; doch sie überlebte ihn. Er hinterließ ihr von seinem auf sieben Millionen Franc geschätzten Vermögen achttausend Franc. Zwölftausend Franc gingen an Alice Hugo Lockroy; das Testament hatte auch Juliette bedacht, die schon tot war. Der Rest seines Vermögens ging an seine Enkel.

In einem Nachtrag aus dem Jahr 1883 hinterließ er 50 000 Franc den Armen und bat darum, in einem Armensarg zu dem kleinen Friedhof in Villequier gebracht zu werden, wo seine Frau und seine Tochter begraben lagen. Er lehnte eine religiöse Trauerfeier ab und wünschte statt dessen ein Gebet für alle Seelen. »Ich glaube an Gott«[31], schloß er. Zusätzlich zu seinem Vermögen ließ Hugo zehn Bände unveröffentlichten Materials zurück, davon waren sieben aus seiner Exilzeit, dazu Briefe, Notizen und andere Dokumente. Eigentlich hätte Juliette Drouet seine Schriften und Manuskripte erben sollen; da sie vor ihm starb, gingen sie an Adèle, die so Hauptinhaberin des Copyrights der Werke ihres Vaters wurde. (1907 erhielt Adèle 50 000 Dollar von einem Verlag für die Rechte einer Billigausgabe von Hugos Werken.)

An dem Tag, an dem Hugo starb, beobachtete der ewig treue Auguste Vacquerie: »Es hieß, er sei unsterblich ... und dies wurde durch den gewaltigen Aufschrei der Trauer und Bewunderung bewiesen, der rund um die Welt widerhallte. Es heißt, es sei wundervoll, von einem ganzen Volk betrauert zu werden und nicht nur von einer Person.«[32]

Hugos Begräbnis fand am 1. Juni statt. Die Verehrung für Hugo war so groß, daß die französische Regierung beschloß, ihn gegen seinen letzten Willen im Panthéon beizusetzen. Die Trauer war überwältigend, besonders in Paris. Der *Halifax Morning Herald* vom 2. Juni 1885 berichtete, daß Schaufenster und Wohnungen an den Champs Élysées und entlang der Route, die der Trauerzug nehmen sollte, gemietet worden waren. Die Menschen hatten riesige Summen bezahlt, zwischen dreihundert und tausend Franc pro Kopf, um einen Platz in einem der strategisch günstig gelegenen Fenster zu bekommen.

So wie der Reporter das Ereignis beschrieben hat, hätte das Begräbnis auch das eines Gottes sein können:

> Es war strahlende Sonne. Viele Karren, auf denen sich die Opfergaben der Franzosen stapelten, folgten dem Sarg in einem Leichenzug. Riesige Menschenmengen säumen die Straßen entlang der Route, während sich Menschentrauben bis weithin auf beiden Seiten der Straßenkreuzungen drängen. Die Häuser sind schwarz von Menschen; in der Tat sind überall dort große Menschenmassen, von wo aus man dieses unvergleichliche Schauspiel verfolgen kann.[33]

Das Begräbnis begann mittags. Der Leichenzug wand sich fast zwei Stunden lang durch die Straßen, bis zum Arc de Triomphe. Unter einem Sarkophag, der ungefähr neun Meter hoch und von zweiunddreißig vier Meter hohen Leuchtern umgeben war, wurden die Begräbnisreden gehalten. Als der Sarg vom Katafalk heruntergenommen wurde, spielten Kapellen eine Hymne auf den Toten, die zu diesem Anlaß von seinem guten Freund Camille Saint-Saëns komponiert worden war. Gegen vier Uhr hatte der Zug das Panthéon erreicht. Während der Dritten Republik wurde die Kirche aus dem achtzehnten Jahrhundert zur Ruhestätte für die berühmtesten Söhne des Landes. Da Hugo die Sterbesakramente und jegliche Form eines Gottesdienstes abgelehnt hatte, mußte das Panthéon mit seinen Gruften voller Särge von Dichtern, Schriftstellern und anderen bedeutenden französischen Persönlichkeiten für seine Bestattung säkularisiert werden. Schließlich wurde Hugos Leichnam neben Voltaire, Rousseau und anderen zur Ruhe gebettet. Er muß gespürt haben, daß er in passender Gesellschaft war.

Madame Baas Rolle bei Adèles Heimkehr kam erst ans

Licht, als der geheimnisvolle Korrespondent der *New York Tribune* seine merkwürdige Geschichte verbreitete. Nachdem er Adèle aus seiner Kindheitserinnerung beschrieben hatte, bemerkte er, Madame Baa habe, sobald die Nachricht von Hugos Tod Barbados erreichte, sofort »Pater Marie-Joseph einen kleinen Geldbetrag gebracht und ihn gebeten, für die Seele Victor Hugos eine Messe zu lesen. Der Priester war über die Bitte natürlich erstaunt und fragte die Frau, wieso sie den französischen Dichter gekannt habe.« Sie erzählte dem Priester ihre seltsame Geschichte, berichtete von den beiden Reisen, die sie Adèles wegen nach Frankreich unternommen hatte, und dem Versprechen, das sie dem Dichter gegeben hatte – zweifellos ließ sie einige pikantere Einzelheiten ihrer Beziehung aus. Madame Baa erinnerte sich sogar seiner letzten Worte bei ihrer Abreise:

> »Wenn du erfährst, daß ich tot bin, würdest du drei Messen für mich lesen lassen?« Dies versprach sie.
>
> Sobald sie von Victor Hugos Tod hörte, weinte sie um ihn und sagte: »Was für ein Verlust! Er war ein so großzügiger Mann, so gut! Möge Gott ihm Frieden schenken!«[34]

Aber wer weinte um Adèle? Mit dem Tod ihres Vaters ging ein weiteres Kapitel in ihrem Leben zu Ende. Sie wurde der Fürsorge Auguste Vacqueries unterstellt, den Hugo in seinem Testament zu Adèles Vormund ernannt hatte. Es ist eine Ironie des Schicksals, daß gerade der Mann, den sie vor so langer Zeit abgewiesen hatte, schließlich eine Rolle übernahm, die der eines Ehepartners gleichkam und nach der er sich so sehr gesehnt hatte. In Übereinstimmung mit dem Wortlaut des Testaments ihres Vaters waren Adèle durch das Copyright schwindelerregend große Einnahmen zugefallen, die ihr Zinsen von mehr als 50 000 Franc im Jahr einbrachten. Vacquerie wollte Adèle die beste Pflege zukommen lassen, die mit ihrem Geld zu kaufen war, und brachte sie sofort in das Château de Suresnes, ein luxuriöses Pflegeheim am Quai de Suresnes 10.

Hier wurde sie eher einfühlsam »umsorgt« denn eingesperrt. Sie bewohnte eine ganze Villa mit ihrem eigenen Personal und einer persönlichen Gesellschafterin. In sicherer Begleitung konnte sie das Grundstück verlassen, wann immer sie wollte. In der ungewöhnlichen Welt der Reichen und Gestörten hatte Adèle ein Maß an Freiheit erreicht, das sie als junge Frau nicht gekannt hatte.

Einer der Ärzte, die versuchten, den Geheimnissen der Geisteskrankheiten auf die Spur zu kommen, für die damals so wenig Verständnis vorhanden war, hieß Dr. Valentin Magnin. Er betreute Adèle. Dr. Magnin war Dozent an der Sainte-Anne-Anstalt in Paris und hatte sich durch seine Abhandlungen über Geisteskrankheiten einen Namen gemacht. Adèles Nichte, Jeanne Hugo, war damals mit Dr. Jean Charcot verheiratet (ihrem zweiten Ehemann), dem Begründer des Suresnes-Instituts, wo Adèle lebte. Schizophrenie war damals kaum zu behandeln, denn erst seit kurzer Zeit werden Psychopharmaka entwickelt, die eine relativ heilsame Wirkung auf die Leidenden haben. Dennoch erhielt Adèle in Suresnes die bestmögliche Pflege. Bei ihrem Tod beschrieb die *New York Times* ihr Leben dort:

> Adèle war von starken Gefühlsschwankungen heimgesucht, aber von allen hilfreichen Annehmlichkeiten umgeben, zu der die moderne Wissenschaft einer Frau von großem Reichtum verhelfen kann.
>
> Sie hatte allen Luxus, der für eine Frau in ihrer Lage nur möglich war. Sie bewohnte eine eigene Villa auf dem Gelände des Sanatoriums, hatte eine private Gesellschafterin, deren einzige Pflicht es war, sie bei Laune zu halten, und einen Stab von Dienstboten zusätzlich zu den regulären

Sanatoriumswärtern. Sie trug teure Kleidung, bestand aber darauf, daß sie in dem Stil angefertigt wurde, der zur Zeit ihrer Hochzeit in Mode gewesen war. Die Öffentlichkeit konnte gelegentlich einen Blick von ihr im Freilichttheater auf der Pré Catalan im Bois de Boulogne und im Jardin d'Acclimation erhaschen. Aber wenn sie sich ein Theaterstück oder eine Oper ansah, saß sie meistens mit ihrer Gefährtin in einer der »baignoires« oder unteren Logen, wo sie nicht gesehen werden konnte.

Sie hatte den Verstand nicht völlig verloren und hegte weiter den Wunsch nach einer eigenen künstlerischen Ausdrucksmöglichkeit. Während der langen Tage in Suresnes versuchte sie immer wieder, eine Oper zu komponieren, aber ihr Geisteszustand ließ eine dauerhafte Konzentration nicht zu. Gelegentlich jedoch war sie in der Lage, auf dem Klavier Ausschnitte aus Kompositionen zu spielen, die sie in ihrer glücklichen Kindheit gelernt hatte.[35]

Ein anderer Reporter fügte hinzu:

Es gelang ihr nicht, ihren Verstand ganz wiederzufinden, und nach dem Tod ihres Vaters führte sie eine einsame Existenz in ihrer Villa, mürrisch und wortkarg. Wenn sie eine Unterhaltung zuließ, dann nie über die Vergangenheit.

Mlle. Hugo wurde nur in der Öffentlichkeit gesehen, wenn sie nach Paris fuhr, um von einer verdunkelten Loge aus die Wiederaufführung eines Stückes ihres Vaters zu sehen. Offenbar hatte sie keine Freunde und empfing nie Besuch.[36]

•

Adèle beschäftigte sich mit denselben Dingen wie in ihrer Jugend: Theater und Musik. Manchmal besuchte sie eine Matinée im Châtelet, und sie brüstete sich damit, viele der berühmtesten Opern seien ihre eigenen Kompositionen.

Adèle hatte das Glück, von Dr. Magnin betreut zu werden. Zwischen 1906 und 1915 erhielt Gustave Simon, der nach dem Tod von Auguste Vacquerie und Paul Meurice die Vormundschaft für Adèle übernommen hatte, alle zwei Wochen einen Brief von einem Arzt aus Suresnes (höchstwahrscheinlich von Dr. Magnin). In den Briefen wurde Adèles Verhalten beschrieben, auch daß »ihr Schlaf jede Nacht durch Unterhaltungen mit eingebildeten Gesprächspartnern gestört ist«, daß sie Papiere und Bücher zerriß und die Fetzen in die Tasche steckte, und daß sie nachts häufig aufwachte, in unnatürlich tiefer Stimme etwas rief, auf und ab ging und gegen die Wände trommelte.[37]

Am 28. April 1908 besuchte der Schriftsteller Jules Claretie Adèle in ihrer Villa. Er beschrieb sie als sehr ordentlich und elegant gekleidet, und daß sie eine Witwenhaube mit langen Bändern über dem weißen Haar trug. Sie sprach wenig, aber wenn sie sprach, hatte ihre Stimme einen metallischen Klang, und ihre Worte und der Ton ihrer Stimme waren oft feindselig. Der Kritiker Raymond Escholier besuchte Adèle etwa um dieselbe Zeit und stellte etwas traurig fest, »ihr Wahnsinn ist lieb, harmonisch, aber unheilbar… Sie war bald in Saint-Mandé, dann in Suresnes interniert (wo ich sie im Frühling 1914 gesehen habe), dort ist sie gestorben, fast neunzigjährig, und hat das große Geheimnis ihrer Träume und ihrer Liebe mitgenommen.«[38]

Ein unbequemer Tod

Paris, 1915

Die Geschichte vom verpfuschten Leben der Adèle Hugo wird so lange lebendig bleiben wie die Werke ihres berühmten Vaters. Sein Genie wird die höchste Bewunderung auslösen und ihr Kummer das tiefste Mitleid.

J. W. Longley[1]

Die Ära, in der Adèle Hugo lebte, war die Zeit der üppigen, wilden Jahre Napoléons III. und der Zweiten Republik gewesen, und als die Herrschaft Napoléons zu Ende war, hatten die Pariser genug von Frivolität und Fröhlichkeit. Aber Adèle hatte diese Entwicklung kaum wahrgenommen. Sie, die einstmals die gewandten Unterhaltungen von Politikern, Künstlern und Angehörigen der feinen Gesellschaft akribisch festgehalten hatte, war nun zur stummen und unfreiwilligen Zeugin des Ausklangs dieser Epoche geworden. Die ernste, leidenschaftliche junge Frau, die sich so danach gesehnt hatte, ein produktives, kreatives und unabhängiges Leben zu führen, war alt und schwach geworden.

Mit ihr waren auch ihre literarischen Arbeiten schnell verloren und vergessen. Die Existenz des Exiltagebuches wurde im Jahre 1892 in einem Artikel der englischen Zeitschrift *Atheneum* enthüllt, und die Veröffentlichung ihres Werkes versetzte die Welt in Erstaunen, so wie sie es vor dreißig Jahren vorausgesagt hatte. Aber Adèle selbst hatte aufgehört zu existieren.

Wenige Freunde und Bekannte waren noch am Leben; kaum einer hatte von den tragischen Umständen ihres Lebens gewußt.

Adèle Hugo auf ihrem Totenbett

Niemand erinnerte sich persönlich an die idyllische Kindheit von Léopoldine und Adèle, die ihren Vater zu einigen seiner schönsten Gedichte angeregt hatten. Als jedoch Adèle am 21. April 1915 mit fünfundachtzig Jahren starb, machte die Nachricht ihres Todes Schlagzeilen quer durch Europa, Nordamerika und Nordafrika. Die Presse nutzte die Gelegenheit, um sich über die Größe ihres verstorbenen Vaters auszulassen, und nicht etwa, um über Adèles Talent zu schreiben. Am 22. April verkündete *Le Figaro* ihr Ableben in einem rührseligen Artikel auf der ersten Seite, ohne ihres Schaffens oder ihrer Zeit im Ausland zu gedenken. Die einflußreiche Zeitung widmete Adèles Begräbnis nur einen Absatz in ihren Todesanzeigen.[2]

Andere Zeitungen zeigten in bezug auf Adèles Verfassung nicht die respektvolle Zurückhaltung des *Figaro. Le Journal de Genève* tat am 28. April 1915 unverblümt kund, daß Hugo, der eine seiner Töchter »bei Villequier mit dem Boot hatte untergehen sehen ..., bei der anderen einen vielleicht noch traurigeren Untergang sah, den Verlust des Verstandes.«[3] Die *New York Times* weidete sich geradezu in einem Artikel vom 2. Mai 1915 an Adèles Verfall. »Victor Hugo hat nie, nicht einmal auf den düstersten Seiten von *Les Misérables* (Die Elenden) einen so tragischen und grotesk schrecklichen Lebensweg beschrieben wie den Adèles, seiner jüngsten Lieblingstochter, die neulich in einem Pariser Sanatorium gestorben ist.«[4]

Im Tode wie im Leben wurde die echte Adèle nicht zur Kenntnis genommen. *Le Figaro* bedauerte den Stand der Dinge, tat aber nichts, um ihn zu korrigieren. Der Redakteur des *Le Figaro* befaßte sich in seinem Nachruf im wesentlichen mit den vielen Erfolgen Victor Hugos und der Tragödie des viel zu frühen Todes seiner Tochter Léopoldine. Der alte Hugo war berühmt gewesen; in fast jeder Stadt lebte die Erinnerung an ihn fort, denn es war zumindest eine Straße nach ihm benannt worden. Diese Ehre wurde Adèle um ihrer selbst willen nicht zuteil; ihr Name war nur wegen ihres Vaters bekannt. Außerdem wütete der Erste Weltkrieg in Europa, und die Kümmernisse einer reichen, gestörten Französin verblaßten im Vergleich zu den täglichen Schreckensnachrichten von der Front. Chevreuse, der Reporter des *Figaro* bemerkte: »Wer wußte schon in Paris, wo alles so schnell vergeht, daß da immer noch ein Kind des Dichters existierte? Eine Zeugin der einflußreichen Jahre seiner triumphalen Jugend, eine Gefährtin seiner Exiljahre?« Chevreuse umging das Thema von Adèles Geisteszustand und stellte taktvolle Überlegungen an, warum Adèle sich dem Blick der Öffentlichkeit entzogen habe: »Jahrelang lebte sie abseits des Geschehens, als ob sie zögerte, den Ruhm eines solchen Namens zur Schau zu stellen.«[5]

Adèle wurde vier Tage nach ihrem Tod am Morgen des 25. April in Saint-Sulpice beigesetzt. In derselben Kirche hatten ihre Eltern geheiratet, und dort war auch die Großmutter beigesetzt worden. Wenige Familienfreunde besuchten den Gottesdienst um 10 Uhr 30 in der Kapelle der Jungfrau Maria. Abbé Verdier las die Messe, und der Seelsorger der Pfarrei, Abbé Letourneau, erteilte die Absolution. Danach wurde Adèles Leichnam vorübergehend in der Krypta der Kirche aufgebahrt. Beerdigt wurde sie später im Familiengrab in Villequier, neben ihrer Mutter und ihrer Schwester. Ihre Nichte Jeanne Hugo Charcot und ihr Neffe Georges Hugo erbten ihr Vermögen.

Chronologie

1802 Geburt von Victor Hugo
1803 Geburt von Adèle Foucher
1822 Heirat von Adèle Foucher und Victor Hugo
Eugène Hugo wird wahnsinnig
1823 Geburt und Tod von Léopold Hugo
1824 Geburt von Léopoldine Hugo
1826 Geburt von Charles Hugo
1828 Geburt von François-Victor Hugo
1829 Die Familie Hugo wohnt in der Rue Notre-Dame des Champs 11
1830 Die Familie Hugo zieht in die Rue Jean-Goujon 9 nahe den Champs-Elysées
Geburt von Adèle Hugo
1837 Tod von Eugène Hugo
1843 Tod von Léopoldine Hugo Vacquerie
1848 Die Hugos wohnen an der Place Royale 6, ziehen dann für kurze Zeit in die Rue d'Isly 4 und schließlich in die Rue de la Tour d'Auvergne 37
1852 Victor Hugo und Familie gehen auf die Kanalinsel Jersey ins Exil
Adèle hört zum erstenmal von Albert Pinson
1854 Adèle trifft Pinson
1856 Die Familie Hugo wird aus Jersey verbannt und geht nach Guernsey
1863 Adèle Hugo reißt aus nach Halifax
1866 Adèle folgt Pinson nach Barbados
1868 Tod von Adèle Foucher Hugo

1871 Tod von Charles Hugo

1872 Adèle wird von Barbados nach Paris zurückgebracht und in die Maison Rivet eingewiesen

1873 Tod von François-Victor Hugo

1885 Tod von Victor Hugo
Adèle wird in das Château von Suresnes in Paris eingeliefert

1915 Tod von Adèle Hugo

Stammbaum der Familie Hugo

JOSEPH LÉOPOLD SIGISBERT HUGO (1773–1828)
verheiratet mit
SOPHIE TRÉBUCHET (1772–1821)
drei Kinder:
ABEL (1798–?)
EUGÈNE (1800–1837)
VICTOR (1802–1885)

VICTOR HUGO (1802–1885)
verheiratet mit
ADÈLE FOUCHER (1803–1868)
vier Kinder:
LÉOPOLD (1823)
LÉOPOLDINE (1824–1844)
CHARLES (1826–1871)
FRANÇOIS-VICTOR (1828–1873)
ADÈLE (1830–1915)

CHARLES HUGO (1826–1871)
verheiratet mit
ALICE LEHAENE (1847–1928);
verheiratet (1877) mit EDOUARD LOCKROY
drei Kinder:
GEORGES I (1867–68)
GEORGES II (1868–1925)
JEANNE (1869–1941)

Die Pinsons

ALBERT ANDREW PINSON

Albert Andrew Pinsons Militärakte ist leider nicht mehr vorhanden. Der englische Forscher John Dagger wertete Aufzeichnungen des Public Record Office in London aus, wonach Pinson sich nachweislich Anfang November 1854 dem dritten Bataillon der West Yorkshire Militia anschloß.

Pinson und drei weitere Offiziere kamen auf Empfehlung des Oberst Ferrars Loftus vom selben Regiment am 17. Februar 1856 zu einem Regiment der regulären Truppen. Diese Information entstammt den Memoranden des Oberbefehlshabers. Weitere persönliche Daten über Pinson wurden nicht gefunden.

Nachforschungen in britischen Genealogien und Kirchenregistern brachten keine Anmerkungen zur Familie Pinsons zutage. Daraus läßt sich schließen, daß die Pinsons nicht wohlhabend waren, und ich vermute, Pinsons Auskünfte über seine Familie entsprachen nicht der Wahrheit.

An anderer Stelle wurde Leutnant Albert Pinsons Vater als »General Pinson« bezeichnet. Offensichtlich handelt es sich hier um seinen Onkel, Oberstleutnant A. Pinson, dem Vater des Leutnants Albert William Pinson.

(Siehe HO 51/40; WO 31/1111; 2/16. Stammrolle 1866/7)

ALBERT WILLIAM PINSON

Im East India Register und dem Militärdienstverzeichnis fand Dagger einen gewissen Leutnant Albert William Pinson erwähnt, der in Palavaram bei Madras am 31. März 1829 geboren wurde. Seine Eltern waren Hauptmann Albert Pinson vom 46. Regiment der Madras Native Infantry und seine Frau Sarah. Der Sohn wurde von Kaplan Thomas Blenkinsop in Palavaram getauft.

Albert William Pinson war Albert Andrew Pinsons Vetter. Hauptmann Pinson (später Oberstleutnant) war sein Onkel. Eine Petition von A.W. Pinson zeigt, daß er vom Direktor der East Indian Company Sir William Wilcock benannt und von seinem Vater als Kadett der Madras Infantry am 10. Dezember 1845 vorgeschlagen wurde. A.W. Pinson gibt an, er habe Privatschulen besucht und wäre von Mr. Thompson und Mr. le Hardy in Mathematik und den klassischen Sprachen unterrichtet worden.

Armeeverzeichnisse listen im Jahre 1850 A.W. Pinson als Fähnrich im ersten Madras Native Infantry Regiment auf. Am 21. Juni 1851 heiratete er Mary Cordelia Annie Sandys in der St. Pauls Kathedrale von Kalkutta. Als sein Sohn Thomas Harry geboren wurde, war Pinson Leutnant. Knapp vier Monate nach der Geburt seines ersten Kindes starb seine Frau. Nur weitere vier Monate später heirate er Mary Ellis, eine Witwe aus Serampore. A.W. Pinson Karriere nahm ein unrühmliches Ende, er wurde aus der Madras Armee entlassen: »Albert William Pinson. Entlassen aus der Armee, verurteilt durch das Kriegsgericht aufgrund seines eines Offiziers und Gentleman nicht würdigen Benehmens. Er hat unter Arrest stehend seiner Frau Mary Pinson in Anwesenheit des Wächters Gewalt angetan, indem er einen Hammer nach ihr geworfen hat, der sie am Bein verletzte. Des weiteren (unleserlich) bedrohte und beleidigte er in einer höchst obszönen Sprache den Quartier-Hauptmann McMahon und seinen Kameraden Walker N.I. sowie den Oberstleutnant (unleserlich), den befehlshabenden Offizier Moulmein. Schuldig gesprochen in allen Anklagepunkten außer dem Wort ›obszön‹ … 22. November 1854.«

(Siehe PC fo.292; PC fo.290 v; prov. p'c 1/A; PC fo. 289v; PC fo.293; PC fo.291r prov.p'c 1/B; N/1/79; N/1/83 S. 9; N/1/83 S. 298; I. O. L.: L/MIL/11/59 batch 363; prov. p'c 1/C.)

OBERSTLEUTNANT ALBERT PINSON

Oberstleutnant Albert Pinson wurde am 28. Oktober, 1800 als Sohn des Ehepaares William und Mary Pinson geboren. Am 22. April 1818 reichte er seine Petition zum Offiziersanwärter für die East Indian Company ein. Er wurde von John Morris, Direktor der East Indian Company, nominiert und von Thomas Studdy, Esq. empfohlen. Er gab an, daß seine verwitwete Mutter in Dartmouth, England lebte. Später trat er in die Bengal Armee ein, und Armeeakten belegen, daß er im Jahre 1853 aus dem Dienst der 25. Bengal Native Infantry entlassen wurde.

(Siehe L/MIL/9/130; fo.451; fo.448; fo.448v.)

Anmerkungen

Einleitung

[1] Aus: *Schizophrenia Genesis: The Origins of Madness* von Irving Gottesman. Copyright 1989 von W. H. Freeman and Company. Wiedergabe mit Erlaubnis, S. 48.

[2] Anonym, »The Tragedy of Hugo's Daughter« (Die Tragödie von Hugos Tochter), *New York Times* (2. Mai 1915), Spalte V, S. 20

[3] *The Tragedy of Hugo's Daughter*, S. 20

[4] Der Nachname von Adèles Liebhaber wird von verschiedenen Autoren mit Pinson, Pinsen und Penson angegeben. Pinson ist die bevorzugte Schreibweise, da nur diese für ihn und seine Verwandten in den Unterlagen der Armee benutzt wird. Bei Zitaten jedoch werden die anderen Schreibweisen unkommentiert übernommen.

[5] »Eine romantische Geschichte über den Besuch Adèles, der Lieblingstochter Victor Hugos, in Halifax« *Halifax Morning Herald* (27. Mai, 1885), S. 3

[6] Frances Vernor Guille, *Le Journal d'Adèle Hugo*, Bd. 1 (1852) (Paris: Minard, 1968; Bd. 2 (1853) (Paris: Minard, 1971); Bd. 3 (1854) (Paris: Minard, 1984) Alle Übersetzungen aus diesen Bänden sind von mir.

Familienbande

[1] »La Prière pour tous«, Zeilen 214–215 (15. Juni, 1830) (»Das Gebet für alle«).

[2] Joanna Richardson, *Victor Hugo* (London: Weidenfeld and Nicholson, 1976, S. 45)

[3] Jacques Boudet, *L'Histoire de France par image: de Louis XIV à la Révolution de 1848* (Paris: Bordas, 1982). Bd. 2. S. 133

[4] Raymond Escholier, *Hugo, roi de son siècle* (Paris: Arthaud 1970), S. 118

[5] Ebda., S. 135–136

[6] Arnaud Laster, *Victor Hugo* (Paris: Belfond, 1984) S. 18

[7] Richardson, S. 22

[8] Ruth Jordan, *George Sand* (London: Constable 1976) S. 70–71

[9] Victor Hugo an Léonie Biard, Brief Nr. 4, aus der Sammlung des Victor Hugo-Hauses (liegt öffentlich aus)

[10] Anon., *Collection les géants* (Paris. *Paris Match,* 1970) S. 30

[11] Henri Guillemin, *L'Engloutie* (Paris: Éditions du Seuil, 1985) S. 20

12 Guille, Bd. 3, S. 414–15
13 Ebda. S. 60
14 Jordan S. 240
15 Ebda. S. 244
16 Guille, Bd. 3, S. 61
17 Ebda. S. 37
18 Ebda. S. 141
19 George Sand, *Correspondance* (Paris: Calmann Lévy, 1892) Bd. 3, S. 223
20 Jordan, S. 62–63
21 Boudet, Bd. 2, S. 139
22 Heute als die Place des Vosges bekannt, einer der ältesten Plätze in Paris, den schon Heinrich IV. im frühen siebzehnten Jahrhundert hatte anlegen lassen. Die Wohnhäuser aus rosafarbenem Stein sind noch immer schön anzusehen, und auf dem Platz selbst, gesäumt von Bäumen und stillen Straßencafés, hallt das Kindergeschrei wider.
Dort ist heute die Maison de Victor Hugo untergebracht, ein Museum, das dem Dichter gewidmet ist.
23 Guille, Bd. 1, S. 178–180. Raymond Escholier, *Victor Hugo, cet inconnu* (Paris: Plon, 1951) S. 249–50
24 Guille, Bd. 1, S. 54
25 Ebda, S. 55
26 Ebda. S. 196
27 Ebda. S. 198
28 Jules Janin, *Histoire le la littérature dramatique* (Paris: Levy, 1854) Bd. 4, S. 422
29 Guille, Bd. 1, S. 224–25

Eine Prinzessin im Turm

1 Richardson, S. 122
2 Ebda S. 120
3 Guille, Bd. 1, S. 230
4 Ebda S. 236
5 Richardson, S. 122
6 Ebda S. 123
7 Alice B. Neal, »American Female Authorship«, *Goedey's Lady's Book 41* (Juni 1852), S. 147
8 Guille, Bd. 1, S. 61–62
9 Guille, Bd. 3, S. 425

[10] Jean de Mutigny, *Victor Hugo et le spiritisme* (Paris: Fernand Nathan 1981), S. 13

[11] Guille, Bd. 2, S. 117

[12] Bernard Boringe, »Adèle, l'autre fille de Victor Hugo«, *Historia 347* (Oktober 1975), S. 76

[13] S. P. Oliver »Victor Hugo at Home«, *The Gentleman's Magazine* (London 1870), S. 721

[14] Guille Bd. 1, S. 69

[15] Guille Bd. 2, S. 457

[16] Ebda S. 458. In Adèles Tagebüchern wird Albert Pinson durchgängig mit P. bezeichnet.

[17] Ebda S. 462

[18] Ebda S. 52

[19] Ebda S. 53

[20] Guille, Bd. 3, S. 153

[21] Boringe, S. 77

[22] Guille, Bd. 3, S. 324–30

Die Lebenden und die Toten

[1] Guille, Bd. 3, S. 153

[2] Richardson, S. 150–151

[3] Guille, Bd. 3, S. 37

[4] de Mutigny, S. 24

[5] Ebda, S. 26

[6] Vgl. de Mutigny, S. 82–84

[7] Guille, Bd. 3, S. 36

[8] Ebda, S. 26

[9] Ebda, S. 453

[10] Ebda, S. 151

[11] Ebda, S. 32

[12] Ebda, S. 33

[13] Ebda, S. 45

[14] Ebda, S. 58–59

[15] Ebda, S. 522–523

Eine Fahrt in die Freiheit

[1] Guille, Bd. 3, S. 69
[2] Guille, Bd. 1, S. 69
[3] Ebda. Bd. 3, S. 470
[4] Guillemin, S. 38–39
[5] Guille, Bd. 3, S. 18
[6] Richardson, S. 137–38
[7] Ebda. S. 146
[8] Guillemin, S. 41
[9] Escholier, *Hugo, roi de son siècle* S. 262
[10] Garnet Wolseley, *The Story of a Soldier's Life* (London: Constable, 1903) Bd. 1, S. 226
[11] PRO London WO 31, 1111
[12] Wolseley, Bd. 1, S. 225–26
[13] Guille, Bd. 3, S. 61
[14] Ebda. Bd. 1, S. 68
[15] Hubert Juin, *Victor Hugo*, Bd. 2, 1844–1870 (Paris: Flammarion, 1984) S. 466–67
[16] Wolseley, Bd. 2, S. 105
[17] Cameron Pulsifer. British Regiments in Halifax Parks Canada: unveröffentlicht, 1980) S. 86
[18] Richardson, S. 177
[19] Juin, Bd. 2, S. 497
[20] Guille, Bd. 1, S. 72
[21] Richardson, S. 180
[22] Boringe, S. 80
[23] Richardson, S. 161
[24] Collection les géants, S. 5

Eine gefährliche Liebschaft

[1] »For Fair One in Dartmouth Victor Hugo's Daughter Spurned«, *Dartmouth Free Press* (2. Juni, 1955), S. 80
[2] Laster, S. 121
[3] Juin, S. 501
[4] Ebda. S. 501–2
[5] Guille, Bd. 1, S. 78–79
[6] Richardson, S. 179

7 Guille, Bd. 1, S. 82

8 Ebda. S. 82–83

9 Ebda. S. 84

10 Ludwig Wudzburg, »The Romance of Victor Hugo's Daughter«, *Halifax Morning Chronicle* (30. Oktober 1903), S. 1

11 Ebda. S. 1

12 Guillemin, S. 122

13 Ebda. S. 124

14 Ebda. S. 125

15 Guille, Bd. 1, S. 120

16 Wudzburg, S. 1

17 Guillemin, S. 128

»Krank von Liebe und Wahnsinn«

1 »The Tragedy of Hugo's Daughter«, S. 20

2 Anon, »Interesting Story of the tragedy of the life of Adèle Hugo«, *Acadian Recorder* (30. Oktober, 1926), S. 1

3 J. W. Longley, »The Romance of Adèle Hugo«, *Magazine of American History* (April 1889), S. 303

4 Guille, Bd. 3, S. 35

5 Cameron Pulsifer: *The 78th Highlanders,* Bd. 2: *The Officers* (Parks Canada: unveröffentlichter Bericht, 1985), S. 88

6 Wolseley, Bd. 1, S. 106

7 Guille, Bd. 1, S. 133

8 Longley, S. 303

9 Ebda. S. 302

10 Ebda. S. 299

11 Ebda. S. 302

12 Caroline Biscoe Johnstone, »Annandale Johnstones Ancient and Modern«, Public Archives of Nova Scotia, MG100, Bd. 170, Nr. 11: Johnstone Family, S. 16

13 Ebda. S. 16

14 Ebda. S. 17, Johannes 13, autorisierte Lutherbibel

Das Mitgefühl von Fremden

1 »The Tragedy of Hugo's Daughter«, S. 20

2 Longley, S. 302
3 Wudzburg, S. 1
4 Ebda. S. 1
5 Guille, Bd. 1, S. 99–100
6 Ebda. Bd. 1, S. 99–100
7 Longley, S. 297–304
8 Ebda. S. 302
9 Wudzburg, S. 1
10 Longley, S. 304

Los Barbados

1 Anon, *New York Tribune* (27. Mai 1885), zitiert von Guille, Bd. 1, S. 134–37
2 Guille, Bd. 1, S. 134–37
3 Longley, S. 304
4 Guille, Bd. 1, S. 104
5 Ebda. Bd. 1, S. 105
6 Ebda. Bd. 1, S. 105
7 Richardson, S. 188
8 Paul Stapfer, *Victor Hugo à Guernsey: souvernirs personnels* (Paris: Société francaise, 1905), S. 184–85
9 Ebda. S. 184–85
10 Richardson, S. 208
11 *New York Tribune*, o. S.
12 Juin, Bd. 2, S. 670
13 Guille, Bd. 1, S. 108
14 Guillemin, S. 147
15 Juin, Bd. 3, S. 53
16 Richardson, S. 183–84
17 Der Bericht erschien in der *Halifax Evenig Mail* (17. Mai 1930), nachdem er das erste Mal 1885 veröffentlicht worden war. Zitiert bei Guille, Bd. 1, S. 134–37

»… toter als die Toten«

1 »The Tragedy of Hugo's Daughter«, S. 20
2 Richardson, S. 231
3 Guille, Bd. 1, S. 151

[4] Richardson, S. 231
[5] Ebda. S. 231
[6] Ebda. S. 231
[7] Ebda. S. 231
[8] Ebda. S. 231
[9] Guillemin, S. 152
[10] Ebda. S. 152
[11] Ebda. S. 152
[12] Ebda. S. 152
[13] Ebda. S. 153
[14] Victor Brombert, *Victor Hugo and the Visionary Novel* (Cambridge: Harvard University Press, 1984), S. 237
[15] Ebda. S. 238
[16] André Gide, *Anthologie de la poésie française* (Paris: Pléiade, 1949), S. xxii, rpt. John Porter Houston, *Victor Hugo* (Boston: Twayne 1974), S. 2
[17] Richardson S. 231
[18] Ebda. S. 231
[19] Ebda.S. 231
[20] Ebda. S. 231
[21] Ebda. S. 231
[22] Guillemin, S. 154
[23] Ebda. S. 154
[24] Richardson, S. 231
[25] Ebda. S. 232
[26] Guillemin, S. 154
[27] Ebda. S. 155
[28] Ebda. S. 155
[29] *New York Times* (22. März 1885), S. 7
[30] *New York Times* (8. Juni 1885), S. 5
[31] Pol Gaillard, *Les contemplations 1856 Victor Hugo: analyse critique* (Paris: Hatier 1981), S. 71
[32] Laster, S. 187
[33] »Victor Hugo's Funeral the Grandest Pagean Ever Seen in the Metropolis«, *Halifax Mornig Herald* (2. Juni 1885), S. 1
[34] *Halifax Evening Mail* (17. Mai 1930)
[35] »The Tragedy of Hugo's Daughter«, S. 20
[36] »Adele Hugo dies at 85; Tragic Life Story of Novelist's Daughter was Never Revealed«, *New York Times* (22. April 1915), S. 8
[37] Guillemin, S. 156
[38] Raymond Escholier, *Hugo, roi de son siècle*, S. 263

Ein unbequemer Tod

1 Longley, S. 304
2 Louis Chevreuse, »Adèle Hugo«, *Le Figaro* (22. April 1915) S. 1
3 Zitiert von Guille, Bd. 1, S. 150
4 »The Tragedy of Hugo's Daughter«, S. 20
5 Chevreuse, S. 1

Danksagung

Mein Dank gebührt vor allem meinem Mann, Donald Dow, für seine Unterstützung und Ermutigung bei der Durchführung dieses Projektes.

Dank schulde ich auch Dr. Barry Jones vom Royal-Ottawa-Krankenhaus, einem Spezialisten für Schizophrenie, der meine Vermutungen bestätigte, daß Adèle sehr wahrscheinlich an Schizophrenie litt; ebenso Laura Currie für ihre unschätzbaren Nachforschungen u.a. zum Thema Geisteskrankheiten; der Bezirksregierung von Ottawa-Carleton für ein Stipendium und die Erstattung der Reisekosten; der kanadischen Autorenvereinigung für die Verleihung des Preises »Air Canada Award« für den vielversprechendsten Schriftsteller unter dreißig (was mir Recherchen in Paris ermöglichte); den Angestellten des Canadian War Museum, insbesondere Cameron Pulsifer und Jean Langdon-Ford; Lois Kernaghan Yorke und den Angestellten des Public Archives of Nova Scotia; den Angestellten der Ottawa Public Library, des Canadian Currency Museum, der National Gallery, der National Library und den National Archives für ihre beständige Unterstützung; dem Master Corporal Derek Egan von der Cambridge Military Library in Halifax; dem Forscher und Schriftsteller Warren Alleyne in Barbados; der Historikerin Elizabeth Collard in Ottawa; dem Kurator Bruce Ellis vom Citadel Hill Army Museum in Halifax; Ron MacDonald von der Garrison Library in Halifax; dem Forscher John Dagger in London, England; dem Forscher Doug Hendry in Ottawa und London; Claire McIlveen, Ed Head und Dave Morefield für die Beschaffung alles Lebensnotwendigen während meiner Recherchen in Halifax.

Ebenso dankbar bin ich für die Erlaubnis, zitieren zu dürfen aus: Cameron Pulsifer *The 78th Highlanders in Halifax*, Bd. 2, *The Officers* (unveröffentlichter Bericht: Parks, Canada, 1985) und *British Regiments in Halifax* (unveröffentlichter Bericht: Parks, Canada, 1980); Raymond Escholier *Hugo, roi de son siècle* (Paris: Arthaud/Librairie

Flammarion, 1970) und *Victor Hugo, cet inconnu* (Paris: Librairie Plon, 1951); Henri Guillemin *L'Engloutie: Adèle, fille de Victor Hugo, 1830–1915* (Paris: Éditions du Seuil, 1985); André Gide *Anthologie de la poésie française* (Paris: Éditions de la Pléiade/Éditions Gallimard, 1949); Arnaud Laster *Victor Hugo* (Paris: Éditions Pierre Belfond, 1984); Ruth Jordan *George Sand* (London: Constable, 1976); Jean de Mutigny *Victor Hugo et le spiritisme* (Paris: Fernand Nathan, 1981); Herbert Juin *Victor Hugo*, Bd. 2 (1844–1870) und Bd. 3 (1870–1885) (Paris: Flammarion, 1984); Irving Gottesman *Schizophrenia Genesis; The Origins of Madness* (New York: Freeman, 1989); und unveröffentlichtem Material im Staatsarchiv von Nova Scotia.

Bibliographie

Alleyne, Warren und Jill Sheppard. *The Barbados Garrison and its Buildings.* London: MacMillan Caribbean, 1990.

Anderson, Bonnie S. und Judith P. Zinsser. *A History of Their Own, Vol. 2. Women in Europe.* New York: Harper and Row, 1988.

Anon. »Adèle Hugo Dies at 85; Tragic Life Story of Novelist's Daughter was Never Revealed.« *New York Times* (22. April 1915), S. 8.

Anon. *Collection les géants: Hugo.* Paris: Paris-Match, 1970.

Anon. »Local and Personal News: A Romantic Story of the Visit of Adèle, the Favorite Daughter of Victor Hugo.« *Halifax Morning Herald.* (27. Mai 1885), S. 3.

Anon. »Miss Adèle Hugo's Romance.« *Halifax Morning Herald* (2. Juni 1885).

Anon. »Le Monde et la Ville: Deuil.« *Le Figaro* (25. April 1915), S. 8.

Anon. *New York Times* articles about Victor Hugo: (13. März 1885), S. 3; (15. März 1885), S. 7; (22. März 1885), S. 7; (7. Juni 1885), S. 2; (8. Juni 1885), S. 5; (10. Juni 1885), S. 4; (22. Juni 1885), S. 2; (31. Mai 1885), S. 2; (12. Juni 1885), S. 3; (23. Juni 1885), S. 2; (1. Juni 1885), S. 2.

Anon. »Nineteenth-Century Romance: For Fair One in Dartmouth Victor Hugos's Daughter Spurned.« *Dartmouth Free Press* (2. Juni 1955), S. 7

Anon. »Occational Letters: Interesting Story of the Tragedy of the Life of Adèle Hugo.« *Acadian Recorder* (19. Dezember 1925; 16. Januar 1926).

Anon. »The Tragedy of Hugo's Daughter.« *New York Times* (2. Mai 1915), Sec. 5, S. 20.

Anon. »Victor Hugo's Funeral the Grandest Pageant Ever Seen in the Metropolis.« *Halifax Morning Herald* (2. Juni 1885), S. 1.

Anon. »Victor Hugo: un génie sans frontières.« *Dictionnaire de sa vie et de son oeuvre.* Paris: Larousse, 1985.

Armit, Capt. W. B. *Halifax: 1749–1906; Soldiers who Founded and Garrisoned a Famous City.* Halifax: Citadel Army Museum, o. D.

Aron, Jean-Paul. *Misérable et glorieuse: la femme du XIXe siècle.* Paris: Fayard, 1980.

Baron, Robert A. und Donn Byrne. *Social Psychology: Understanding Human Interaction.* 2. ed. Toronto: Allyn and Bacon, 1974; 1977.

Blakeley, Phyllis. »The Mysterious Frenchwoman.« *Atlantic Advocate* 54:5 (Januar 1964), S. 61.
Bernier, Olivier. *The Eighteenth-Century Woman.* New York: Doubleday, 1981.
Boringe, Bernard. »Adèle, l'autre fille de Victor Hugo.« *Historia* 347 (Oktober, 1975) S. 75–83.
Boudet, Jacques. *L'Histoire de France par image: de Louis XIV à la Révolution de 1848.* Paris: Bordas, 1982.
Brombert, Victor. *Victor Hugo and the Visionary Novel.* Cambridge: Harvard University Press, 1984.
Burke, Harry L. »Halifax Love Affaire.« *Halifax Mail-Star* (19. November 1965).
Buzzi, G. *Victor Hugo.* Paris: Dargaud, 1967.

Canadian Illustrated News. 1:1 (8. November 1862); 1:2 (22. November 1862), 1:5 (13. Dezember 1862); 2:12 (1. August 1863).
Chevreuse, Louis. »Adèle Hugo.« *Le Figaro* (22. April 1915), S. 1.

Deshusses, Pierre, Léon Karlson und Paulette Thornander. *Dix siècles de littérature française.* Bd. 1 und 2. Paris: Bordas, 1984.
de Mutigny, Jean. *Victor Hugo et le spiritisme.* Paris: Nathan, 1981.

Escholier, Raymond. *Un Amant de génie.* Paris: Fayard, 1953.
Ders. *Hugo, roi de son sciècle.* Paris: Arthaud, 1970.
Ders. *Victor Hugo, cet inconnu.* Paris: Plon, 1951.

Farge, Arlette und Christiane Klapisch-Zuber. *Madame ou Mademoiselle? Itinéraires de la solitude féminine XVIIIe-XXe sciècle.* Paris: Montalba, 1984.

Gaillard, Pol. *Les Contemplations 1856 Victor Hugo: analyse critique.* Paris: Hatier, 1981.
Galloway, Bruce. »The Life of the British Soldier in Mid-Victorian Halifax.« Honours essay, 20. April 1983. Halifax: Garrison Library Collection, Citadel Hill.
Gottesman, Irving. *Schizophrenia Genesis: The Origins of Madness.* New York: Freeman, 1989.
Gregory, Richard L., Hrsg. *The Oxford Companion to the Mind.* New York: Oxford, 1987.
Guille, Frances Vernor. *Journal d'Adèle Hugo.* Bd. 1, 1852. Paris: Minard, 1968; Bd. 2, 1853. Paris: Minard, 1971; Bd. 3, 1854. Paris: Minard, 1984.

Guillemin, Henri. *L'Engloutie: Adèle, fille de Victor Hugo, 1830–1915*. Paris: Éditions du Seuil, 1985.

Hart, H. G. *The New Annual Army List and Militia List*. London: John Murray, 1854–1870.

Harvey, Robert P. »Victor Hugo's Daughter.« *The Nova Scotian* (23. März 1985), S. 19–20.

Houston, John Porter. *Victor Hugo*. Boston: Twayne, 1974.

Hugo, Adèle Foucher. *Victor Hugo raconté par un témoin de sa vie*. Paris: Ollendorf, 1911.

Hugo, Victor. »À ma fille Adèle.« *Quatre Vents*, 1881.

Hugo, Victor. »Mes deux filles.« *Contemplations*, 1856.

Hugo, Victor. Brief an Léonie Biard, Brief Nr. 4, aus der Sammlung der Maison de Victor Hugo (öffentlich ausgestellt).

Hutchinson, Thomas. *Hutchinson's Nova Scotia Directory*. 1864–1865; 1866–1867.

Ionesco, Eugène. *Hugoliad, or the Grotesque and Tragic Life of Victor Hugo*. New York: Grove, 1987.

Janin, Jules. *Histoire de la littérature dramatique*. Bd. 4. Paris: Lévy, 1854.

Johnstone, Caroline Biscoe. »Annandale Johnstones Ancient and Modern.« Public Archives of Nova Scotia, MG 100, Bd. 170, Nr. 11; Johnstone Family.

Jordan, Ruth. *George Sand*. London: Constable, 1976.

Juin, Hubert. *Victor Hugo*. Bd. 2, 1844–1870; Bd. 3, 1870–1885. Paris: Flammarion, 1984.

Laster, Arnaud. *Victor Hugo*. Paris: Pierre Belfond, 1984.

Lenoir, Fanny. »Reminiscences of a Halifax Centenarian.« *Collections of the Nova Scotia Historical Society 23* (1936).

Liebert, Robert M., Rita Wicks Poulos und Gloria Strauss Marmor. *Developmental Psychology*. 2. ed. New Jersey: Prentice-Hall, 1974; 1977.

Longley, J. W. »The Romance of Adèle Hugo.« *Magazine of American History* 21:4 (April 1889) S. 297–304.

Martin-Fugier, Anne. *La Bourgoise: femme au temps de Paul Bourget*. Paris: Bernard Grasset, 1983.

Massin, Jean. *Victor Hugo, oeuvres complètes, édition chronologique*. Paris: Club francais du livre, 1967–1970.

Maurice, Maj.-Gen. Sir F. *The 16th Foot: A History of the Bedfordshire and Hertfordshire Regiment.* London: Constable, 1931.

McAlpine, David. *McAlpine's Nova Scotia Directory*. Halifax, 1868–1869.

McLeod, Carol. »The Tragedy of Adèle Hugo.« *Bluenose Magazine* 3:4 (1979), S. 35–36.

Mullane, George. »Victor Hugo's Daughter.« *Journal of Education* (Nova Scotia) Ser.6, 6:1 (Dezember 1956).

Neal, Alice B. »American Female Authorship.« *Godey's Ladies Book* (Januar 1850), S. 145–148.

Oliver, S. P. »Victor Hugo at Home.« *Gentleman's Magazine* (1870), S. 713–725.

Peters, G. W. H. *The Bedfordshire and Hertfordshire Regiment.* London: Leo Cooper, 1970.

Pulsifer, Cameron. *British Regiments in Halifax*. Parks Canada: unveröffentlichter Bericht, 1980.

Ders. *The 78th Highlanders.* Bd. 2, *The Officers.* Parks Canada: unveröffentlichter Bericht, 1985.

Richardson, Joanna. *Victor Hugo.* London: Weidenfeld and Nicolson, 1976.

Sand, George. *Correspondance.* Bd. 3. Paris: Calman Lévy, 1892.

Shaw, Beatrice M. Hay. »The Love Story of Adèle Hugo.« *Canadian Magazine* 60 (November 1922 bis April 1923), S. 197–202.

Sodergard, Osten, Hrsg. *Les Lettres de George Sand à Sainte-Beuve.* Paris: Minard, 1964.

Stapfer, Paul. *Victor Hugo à Guernsey: souvenirs personnels.* Paris: Société française, 1905.

Stocqueler, J. H. *A Familiar History of the British Army.* London: Stanford, 1871.

Truffaut, François, dir. *The Story of Adèle H.* (Film). Paris, 1975.

Wolseley, Garnet. *The Story of a Soldier's Life.* Bd. 1. London: Constable, 1903.

Wudzburg, Ludwig. »The Romance of Victor Hugo's Daughter.« *Halifax Morning Chronicle* (30. Oktober 1903), S. 1.

Young, Peter und J. P. Lawford, Hrsg. *History of the British Army.* London: Arthur Barker, 1970.

Erstveröffentlichung unter dem Titel *Adèle Hugo – La Misérable*
bei Goose Lane Editions 1993

Photographien mit freundlicher Genehmigung der Musées de la Ville de Paris
© SPADEM 1993; Sammlung der Public Archives of Nova Scotia;
Heritage Trust of Nova Scotia.

Die Deutsche Bibliothek – CIP-Einheitsaufnahme
Smith Dow, Leslie: *Adèle – la misérable:*
das Leben der Tochter von Victor Hugo / Leslie Smith Dow.
Aus dem Engl. von Barbara Scriba-Sethe. – Dt. Erstausg. –
München : Knesebeck, 1997
Einheitssacht.: Adèle Hugo – la misérable <dt.>
ISBN 3-89660-000-1

Deutsche Erstausgabe

Umschlag: Zembsch' Werkstatt, München
Umschlagabbildung: Adèle Hugo
Herstellung: Heidi Kitz, München
Satz: Satz & Repro Grieb, München
Druck und Bindung: Clausen & Bosse, Leck
Printed in Germany

Autorin und Verlag danken für die freundliche Unterstützung
der deutschen Erstausgabe durch The Canada Council, The Department
of Foreign Affairs and International Trade Canada.

192 Seiten, französische Broschur
ISBN 3-89660-025-7

»Das Album der Ära Duras – großartig.«

Elle

»Viele dieser Bilder sind hier erstmals veröffentlicht, mitunter sind sie herausragend, immer ergreifend.«

Le Journal du Dimanche

144 Seiten, gebunden
ISBN 3-926901-77-2

»... glänzend geschrieben, opulent illustriert, liebevoll ausgestattet, ...eine kulturgeschichtliche Fundgrube ... in erster Linie aber die liebevolle, detailreiche Darstellung einer komplizierten Künstlerbeziehung ...«

Hellmut Butterweck, *Die Furche*

»Vor allem aber entdeckt man bei Jane Hill die ganze Breite von Carringtons künstlerischem Schaffen – von den hinreißenden Kritzeleien in ihren Briefen über die dekorativen Malereien ... bis zu den großen Fresken und den Tafelbildern ...«

Ulrich Raulff, *FAZ*

352 Seiten, gebunden
ISBN 3-926901-71-3

»… eine der informativsten und amüsantesten Lebensbeschreibungen … ein witziges Buch über zwei ungewöhnliche Frauen und ihren Lebensstil, zugleich über das literarische und künstlerische Paris jener Jahre.«

Irmela Brender, *Süddeutscher Rundfunk*